世界遗产

王渝生　主编

中国大百科全书出版社

图书在版编目（CIP）数据

世界遗产 / 王渝生主编 . -- 北京 ： 中国大百科全

书出版社， 2025. 1. -- ISBN 978-7-5202-1730-9

Ⅰ . K103-49

中国国家版本馆 CIP 数据核字第 2024CB2398 号

出 版 人：刘祚臣

责任编辑：杜晓冉

责任校对：刘敬微

责任印制：李宝丰

出　　　版：中国大百科全书出版社

地　　　址：北京市西城区阜成门北大街 17 号

网　　　址：http://www.ecph.com.cn

电　　　话：010-88390718

图文制作：北京杰瑞腾达科技发展有限公司

印　　　刷：唐山富达印务有限公司

字　　　数：100 千字

印　　　张：8

开　　　本：710 毫米 ×1000 毫米　　1/16

版　　　次：2025 年 1 月第 1 版

印　　　次：2025 年 1 月第 1 次印刷

书　　　号：978-7-5202-1730-9

定　　　价：48.00 元

探索无垠，启迪智慧之旅

在浩瀚的知识海洋中，人类始终怀揣着对未知世界的好奇与渴望，不断前行。从璀璨的星空到深邃的海洋，从微小的粒子到广袤的宇宙，奥秘无穷无尽，吸引着我们去探索、去发现、去理解。

自古以来，知识就是人类进步的阶梯，是推动社会发展的重要力量。从古希腊哲学家泰勒斯首次提出"水是万物之源"的朴素自然观，到伽利略首次将望远镜对准夜空，开启天文学的新纪元；从牛顿的万有引力定律，到爱因斯坦的相对论，每一次知识的飞跃，都深刻地改变了我们对世界的认知。今天，我们站在巨人的肩膀上，拥有更加先进的科技手段，能够以前所未有的深度和广度去探索这个多彩的世界。

在本书的编纂过程中，我们始终秉持着系统性和启蒙性的原则。系统性意味着不仅要覆盖知识的各个领域，还要注重知识之间的内在联系和逻辑关系，最终形成一个完整的知识体系。这样，读者在阅读过程中，不仅能够学习具体的知识点，还能够理解这些知识点在整个知识体系中的位置和作用，从而更加深入地掌握所学知识。

启蒙性则是指我们在阐述科学知识时，注重培养读者的科学思维和批判性思考能力。我们鼓励读者不仅要接受知识，更要学会质疑、学会创新。通过引导读者进行科学探究和实践活动，我们希望能够激发读者的好奇心和求知欲，培养独立思考和解决问题的能力。

　　随着科技的飞速发展，人类的认知也在不断深化和拓展。从量子纠缠到暗物质探测，从基因编辑到人工智能，每一次科技的突破都预示着新的科学革命即将到来，同时，我们对历史与社会的认识也在不断深入。

　　我们希望通过本书，为读者提供一个起点，而不是终点。我们鼓励读者在阅读过程中，不断提出新的问题、探索新的领域、追求新的发现。因为，真正的智慧之旅，是从不断提问和不断探索中开始的。我们相信，只要保持对知识的热爱和追求，每一个人都能成为自己领域的探索者和创新者。

　　在结束这篇序言之际，我们想说，探索未知、追求智慧，是人类永恒的主题。本书是我们为每一位热爱知识、渴望智慧的读者准备的一份礼物。希望它能够陪伴你走过一段充满惊喜和发现的旅程，让你在探索未知的道路上，不断收获新的知识和感悟。

　　让我们携手共赴这场智慧之旅吧！在仰望星空的浪漫中，在脚踏实地的探索中，在系统性与启蒙性的引领下，共同揭开自然与历史的神秘面纱，追寻那些隐藏的真理和智慧。愿你在这次旅程中，不仅能够收获知识的果实，更能够找到属于自己的那片星空和那片大地。

第一章 世界文化遗产

第一章

世界文化遗产

长城

中国古代的军事防御工程。世界建筑史上的奇迹。又称长垣、长墙、边墙等。东起辽宁丹东鸭绿江边,西达新疆天山之麓,经过辽宁、河北、北京、天津、内蒙古、山西、陕西、宁夏、甘肃、新疆等省、市、自治区,随着不同的地形、山势和地貌而筑,大都建在山岭最高处,长达万余千米,号称万里长城。

从鸭绿江到山海关段,由于工程比较简单,毁坏较为严重。山海关到嘉峪关段,工程较为坚固,保存也较完整,两端两个关城东西遥遥对峙。

沿革 长城是由烽火台和列城等单体建筑发展起来的。初建的是彼此相望的烽火台，或是连续不断的防御城堡，而后用城墙把它们联系起来，便成了长城。春秋战国时期，北方诸侯争霸，相互兼并，出现了秦、楚、齐、燕、韩、赵、魏几个大国。它们彼此之间为了防御，利用原来的大河堤防或附近的山脉，逐段构筑城墙和关塞并将其联系起来，构成长城这一古代军事防御工程体系。但规模较小，互不连贯。约公元前 7 世纪，楚国最早修筑长城。其后，公元前 6～前 4 世纪前后，齐、燕、赵、秦、魏、韩各国也相继修筑了互防

鸟瞰长城

长城。公元前221年，秦始皇并灭六国，建立起第一个统一的多民族中央集权制封建国家，为防御匈奴侵扰，就大规模修筑长城。以后，西汉、东汉、北魏、北齐、北周、隋、辽、金、明各代，均大规模修筑或增筑长城。明代对长城进行大规模整修，明长城东起辽宁丹东鸭绿江边，西至甘肃嘉峪关，全长6300多千米，其修筑规模之宏大，防御组织之完备，所用建筑材料之坚固，都大大超越以前各个朝代。长城的修筑历经十余个朝代，持续两千余年，是人类历史上修筑时间持续最久的建筑工程。若把历代修筑的长城合计计算，总长应在50000千米以上。

建筑构造　长城作为防御工程，主要由关隘、城墙、烽火台3部分组成。

关隘是长城沿线的重要驻兵据点，位置多选择在出入长城的咽喉要道上。整个关隘构造，一般由关口的方形或多边形城墙、城门、城门楼、瓮城组成。有的还有罗城和护城河。

城墙是联系雄关、隘口、敌台等的纽带，平均高约7～8米。在山冈陡峭的地方，城墙比较低。墙身是防御敌人的主体，墙基平均宽约6.5米，顶部宽5.8米，断面上小下大成梯形，使之稳定不易倒塌。墙结构依据当地自然条件而定，主要有版筑夯土墙、土坯垒砌墙、砖砌墙、砖石混合砌墙、石块垒砌墙和用木材编制的木栅墙、木板墙等。城墙除主体墙身外，上面还有许多构造设施。

烽火台也称作烽燧、烽堠、烽台、烟墩、墩台、狼烟台、亭、燧等，是利用烽火、烟气传递军情的建筑。如遇有敌情，白天燃烟（也可悬挂旗子、敲梆、放炮），夜间燃火（或点上灯笼）。烽火台通常设置在长城内外最易瞭望到的山顶上，一般是土筑或用石砌成一个独立的高台，台子上有守望房屋和燃烟放火的设备，台子下面有士卒居住守卫的房屋和羊马圈、仓房等建筑。

在长城防御工程系统中，还有一些与长城相联系的城、堡、障、堠等建筑物。这些建筑物大都建筑在长城内外，供兵卒居住和防守用。这里所指的"城"，不是州、郡、县城，而是与长城关联的防御性建筑，城的面积不大，城与城之间相距数十里不等。"障"，也是一种小城。一些古代文献上说是山中小城。"障"与"城"的区别主要是"城"的大小不一，"城"内有居民居住，而"障"只住官兵，不住居民，大小和形式比较统一。也有"城"

嘉峪关

和"障"结合在一起的，既住士卒，又住居民。"堠"即候，又称作"斥候"，是一种用来守望的建筑，构造较简单，常与亭（烽火台）配合使用，往往"亭候"并称。明朝的"堡"城与汉代的"城障"相似，也是用来驻防的。"堡"往往有城墙围绕，也称作城堡。有些堡内还有烽火台，也住有居民。明长城沿线的城多与关口相结合，以堵塞和抗击敌人入侵。

防御体系　长城整个布局有主干，有分支，沿线设立许多障、堡、敌台、烽火台等不同等级、不同形式和不同功能的建筑物，构成一个完整的防御体系。这个体系中每一个小据点都通过层层军事与行政机构和中央政权机构相联系。从防御角度，通常把长城沿线分成几个防区。秦始皇时期，在长城沿线上设立了陇西、北地、上郡、九原、云中、雁门、代郡、上谷、渔阳、右北平、辽西、辽东 12 个郡，以管辖长城沿线各地方，进行分段防御。明朝为便于对长城沿线的防守，划分成九个防守区段，称之为"九边"，每边设镇守（总兵官），即辽东、蓟、宣府、大同、太原、延绥、宁夏、固原、甘肃九镇，谓之九边重镇。九边九镇之外，为了加强京师的防务和保护陵寝（今明十三陵）的需要，于嘉靖三十年（1551）又在北京的西北增设了昌镇和真保镇，共为十一镇，构成了九边十一镇的防御布局。

意义 长城为中国封建社会农业经济生存和发展创造了相对和平的生产环境，为内地及西域通讯和交通提供了保障；长城还是边塞文学和民间文学的摇篮。长城修筑距今已有2000多年，虽已失去防御上的作用，但仍巍然屹立，显示中华民族悠久的历史，反映中国古代建筑工程技术的伟大成就，表现中国古代各族劳动人民的坚强毅力与聪明才智，体现中国自古以来形成的积极防御的战略思想。此外，以长城作为历史标尺，可为研究长城沿线地区自然环境的变迁和自然事件提供参考。长城工程浩大，规模宏伟，体现了中华民

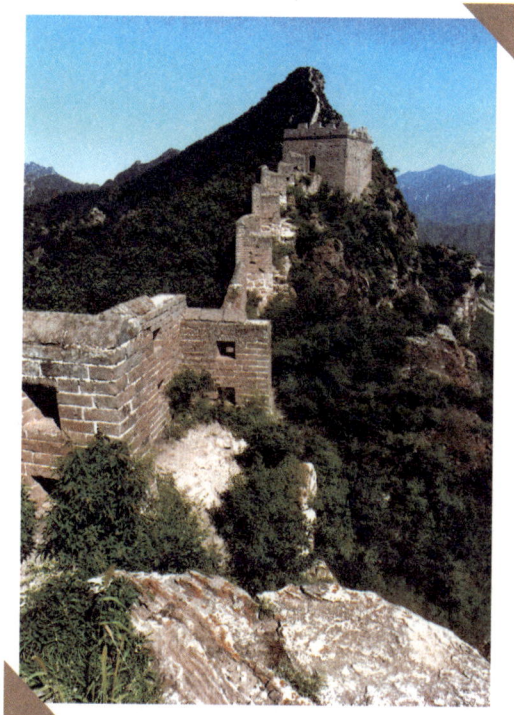

司马台仙女楼远眺望京楼

族的伟大气魄，是中国古代文化的象征。古老的长城经过修
整，许多区段成为游览胜地。1961 年，山海关、八达岭和嘉
峪关三处长城区段被国务院定为第一批全国重点文物保护单
位。2001 年，长城由国务院公布为第五批全国重点文物保护
单位。1987 年，联合国教科文组织将长城作为世界文化遗产
列入《世界遗产名录》。2002 年，辽宁九门口长城作为长城
的一部分正式挂牌成为世界文化遗产。

明清皇宫

明清皇宫包括北京故宫和沈阳故宫。

北京故宫

北京故宫是中国现存规模最大、保存最完好的古建筑
群，在明清北京城内中部，从明永乐十九年（1421）直至清末
（1911），是明清两朝的皇宫。古代皇宫是禁地，又有紫微垣为天

北京紫禁城鸟瞰

帝所居的神话，故称宫城为紫禁城。1925 年在此建故宫博物院后，通称故宫。1961 年被定为全国重点文物保护单位。1987 年被列入《世界遗产名录》。

紫禁城所在位置是元大都宫殿的前部。明太祖时拆毁元宫。明成祖朱棣登位后，于永乐四年（1406）决定筹建北京宫殿。永乐五年开始征调工匠预制构件，永乐十五年正式开工，十八年建成宫殿、坛庙，十九年自南京迁都北京。主持筹建的匠师有蔡信、陆祥、杨青等。正式开工后，工程由蒯祥主持。

布局 紫禁城采取严格对称的院落式布局，按使用功能分区，依用途和重要程度有等差、有节奏地安排建筑群的体量和空间形式，代表中国古代建筑组群布局的最高水平。

紫禁城城墙高 10 米，南北长 961 米，东西宽 753 米，外有宽 52 米的护城河。城每面开一门，四角建角楼。南面正门称午门，建在"凹"字形墩台上，正面下开三门洞，两翼突出部近内转角处各开一门洞。台上正中建重檐庑殿顶的门楼。左右转角和两翼南端各建一重檐攒尖顶方亭，其间连以宽阔的廊庑。午门前突出二亭是由古代宫门前建阙的制度演变来的，也是这种制度的唯一遗例。紫禁城东门和西门称东华门和西华门；北门称玄武门，清代改称神武门。门上面都建有重檐庑殿顶门楼。

紫禁城内有一条南北中轴线，自午门至玄武门，同北京城中轴线重合。建筑按使用性质分外朝、内廷两区，按中轴对称地布置若干大小院落。

外朝在前部，是颁布大政、举行集会和仪式以及办事的行政区，主要由中轴线上的前三殿及其东西侧对称布置的文华殿、武英殿三组建筑群组成。在其东南、西南还有内阁公署、国史馆等。

前三殿在午门内，由门、廊庑、配楼、角库围成矩形大院落，南面开有三门，正门是面阔九间重檐歇山顶的太和门，与午门之间形成一横长矩形广场，东西两面有通文华、武英二殿和东华门、西华门的照和、协和二门。广场内有内金水河横过，同自天安门至午门的纵长广场形成对比。太和门内殿庭中建"工"字形的台基，和前面高三层的月台共同形成一个"土"字形石台基座，周以汉白玉石栏。台上自南而北依次建太和、中和、保和三殿。太和殿面阔十一间，殿内面积2370多平方米，重檐庑殿屋顶，前有宽阔月台，下临广大殿庭，供元旦、冬至大朝会和其他大典使用，是外朝主殿，也是全国现存最大的古建筑。中和殿在工字台基的中部，为面阔五间单檐攒尖顶方殿，供在太和殿行礼时皇帝休息之用。保和殿面阔九间，重檐歇山顶，是举行殿试和宴会外宾之处。

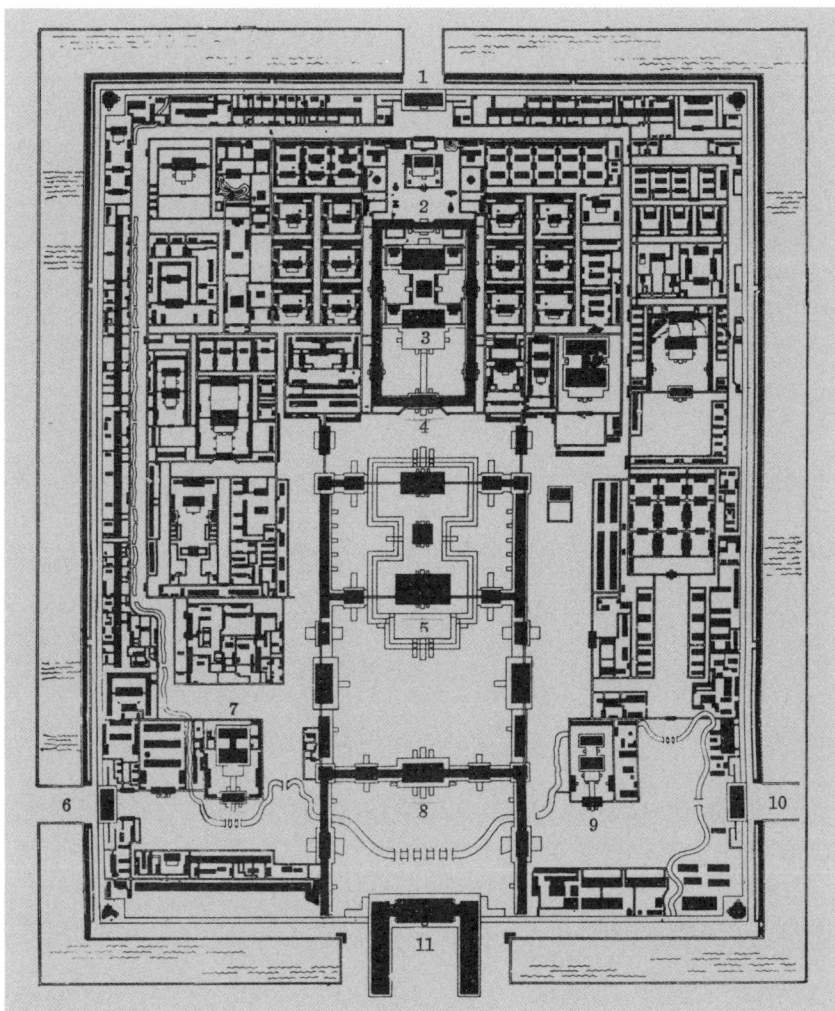

北京紫禁城宫殿平面图（1 神武门　2 御花园　3 乾清宫　4 乾清门　5 太和殿　6 西华门　7 武英殿　8 太和门　9 文华殿　10 东华门　11 午门）

太和殿前面两侧有体仁、弘义二阁，是面阔九间加腰檐的二层庑殿顶楼阁。前三殿一组占地面积达 85000 平方米，是现存最大的殿庭。

文华殿、武英殿两组建筑物都是由门、配殿、廊庑组成的矩形院落，内建面阔五间单檐歇山顶的前殿和后殿，其中武英殿是工字殿。文华殿是皇帝听大臣讲书的地方，武英殿是皇帝斋居和召见大臣之所在。

前三殿后为内廷主要部分，包括后三宫、东西六宫、乾东西五所。在前三殿和内廷之间有一东西横长的广场。广场东西是景运、隆宗两座侧门，北面为通入内廷的乾清门和内左门、内右门。内廷是皇帝及其家庭的居住区，主要部分分三路。中路即中轴线上的后三宫。正门是面阔五间单檐歇山顶的乾清门，它连接东、西、北三面的门、庑，围成纵长院落。殿庭正中也建"土"字形石台基座，前端凸出月台，以后依次建乾清宫、交泰殿和坤宁宫。乾清宫和坤宁宫均面阔九间，重檐庑殿顶，是内廷的正殿、正寝，帝、后正式的起居场所。交泰殿为面阔三间单檐攒尖顶的方殿。坤宁宫后的坤宁门通御花园。后三宫一组形制和前三殿基本相同，但占地面积只有后者的四分之一。后三宫东西两侧各有两条南北向巷道。每巷自南至北各建三宫，东西各六宫，宫间隔以东西向巷道。每座宫都是一独立单元，外围高墙，正面建琉璃砖门；门内前为殿，后为室，各有配殿；后室两侧有耳房，形成二进院落。东西六宫是妃嫔的住所，其东西外侧原尚有内库房。东西六宫之北，隔一东西向巷道，各建五所并排的院落，每院内各建前后三重殿堂，各有厢房，形成三进院落，是皇子住所。东西六宫和乾东、西五所规整对称地布置于后三宫左右，即为内廷的东西路。

东六宫之南有弘孝、神霄二殿，西六宫之南有养心殿，遥相对应。

乾清门东侧景运门外有奉先殿，前后二殿均九间，是宫内的太庙。其东有南北巷道，道东有外东裕库和哕鸾宫、喈凤宫等，是前朝妃嫔养老处。乾清门西侧隆宗门外有慈宁宫等，是皇太后住地。内廷后三宫以北是占地11200平方米的御花园。园内亭榭对称布置，正中为供真武大帝的钦安殿。前三殿、后三宫在明代屡遭烧毁。现中和殿、保和殿是明万历四十三年（1615）工匠冯巧主持重建，又经明天启五至七年（1625～1627）大修的，殿中童柱上尚有明人墨书中极殿、建极殿等明代殿名。

建筑艺术成就 城的基本布局是明代的，现存明代建筑尚有百余座。除中和殿与保和殿外，钦安殿、南薰殿、咸若馆、神武门、角楼都是明代建筑，东西六宫主要部分是明代建筑，只有装修经过清代改动。

故宫的总体设计多比附古制，如在午门前建端门、天安门、大明门（即中华门，已拆除），使太和殿前有五重门以象

"五门"之制、前三殿以象"三朝"之制等。

《清宫史续编》又称内廷部分的乾清、坤宁二宫象征天地，以乾清宫东西庑日精门、月华门象征日月，以东西六宫象征十二辰，以乾东、西五所象征天干等。可见宫殿建筑，除具体的使用功能外，更重要的是以建筑形象表现封建皇权的至高无上的地位。

在建筑群组布置上，紫禁城强调中轴线，在中轴线上布置外朝、内廷最主要的建筑前三殿和后三宫。其余东西六宫、乾东西五所对称布置在左右，拱卫中轴线上建筑。它也利用院落的大小、殿庭的广狭来区分主次。前三殿是全宫最大建筑群，占地面积为宫城的百分之十二，后三宫面积为前三殿的四分之一。其余宫殿，包括太上皇、皇太后的宫殿，又小

太和殿

于后三宫，以突出前三殿、后三宫的主要地位。

在建筑形体上，主要是通过间数多少和屋顶形式来区分主次，间数以十一间为最，屋顶等级依次为庑殿、歇山、悬山、硬山；最重要者加重檐。宫中最重要的正门午门、正殿太和殿和乾清宫、坤宁宫等都用重檐庑殿顶，间数为十一间或九间，属最高等级；其他群组依次递降。同一群组中，配殿、殿门比正殿降一等。通过这些手法，把宫中大量的院落组成一个轴线突出、主从分明、统一和谐的整体，把君臣、父子、夫妇等封建伦常关系，通过建筑空间形象体现出来。而大小规模不同的院落和建筑外形的差异又造成多种多样的空间形式，使在总体的统一和谐中又富于变化。紫禁城宫殿是最能体现中国古代建筑中院落式布局的特点和艺术表现力的例子。

沈阳故宫

沈阳故宫是中国清代努尔哈赤和皇太极两朝的宫殿。在辽宁省沈阳市，居沈阳旧城的中心。努尔哈赤于1616年建后金国，定都新宾。天命六年（1621）迁都辽阳。天命十年又自辽阳（东京）迁都沈阳，开始营建宫殿。崇德元年（1636）改国号为清。清入关定都北京以后，这里成了留都宫殿。康熙初，沈阳设奉天府，故又有奉天宫殿之称。康熙、乾隆两朝进行了改建和增建。1926年在皇宫建筑群的基础上建立了

沈阳故宫鸟瞰

东三省博物馆，现称沈阳故宫博物院。2004 年沈阳故宫作为明清皇宫文化遗产扩展项目被列入《世界遗产名录》。

布局 沈阳故宫占地约为 6 万多平方米。整个布局分三路。中路最宽最长，前有东西向大街，街上设文德、武功两牌坊，街南有左右对称的奏乐亭和朝房、司房等建筑，围成一个小广场。大清门临街，门内中轴线上依次为崇政殿、凤凰楼和清宁宫，连同配楼、配阁、配斋、配宫等组成三座院落，是整个建筑群的中心。中路主要建筑如大清门、崇政殿、清宁宫以及两坊两亭等建成于天聪至崇德初年，主持工程的匠师是刘光先。凤凰楼建于康熙年间，其他飞龙、翔凤二阁，日华、霞绮二楼，师善、协中二斋都是乾隆年间增建的。中路左右各有一跨院，称东宫、西宫。东宫内有颐和殿、介祉宫和敬典阁等，西宫内有迪光殿、保极宫、继思斋和崇谟阁等，都是乾隆十一年（1746）增建的。大清门之东另有一座高台，上为太庙，是乾隆四十三年从他处移来再建的。

东路为一狭长的大院，院内大政殿原名笃恭殿，居北部正中，为重檐八角攒尖顶，是努尔哈赤时期

沈阳故宫凤凰楼

将东京城的八角殿（亭）移来再建的。大政殿前两侧排列10座歇山顶小殿，称十王亭；最北两座为左右翼王亭，其余8座按八旗方位依次排定，是八旗制度在宫殿建筑上的体现。十王亭呈梯形排列，增强了大政殿广场的透视感。

西路文溯阁建于乾隆四十六年，庋藏《四库全书》和《古今图书集成》。阁前为嘉荫堂，阁后为仰熙斋，分别是皇帝看戏和读书的地方。

建筑艺术成就 沈阳故宫的早期建筑，风格浑朴粗犷，除大政殿外，大清门、崇政殿、清宁宫等均为硬山顶，不用斗栱，主次建筑之间的等级差别不大。建筑色彩则凝重强烈，屋顶多用剪边琉璃和花脊花兽，山墙墀头也都用彩色琉璃。建筑布局和细部装饰保持着民族特色和地方特色，建筑艺术上体现了汉、满、藏族的交流和融合。

甘肃敦煌莫高窟

中国佛教石窟。位于甘肃省敦煌市。与云冈石窟、龙门石窟并为中国三大石窟。敦煌石窟一名是莫高窟、西千佛洞的总称，有时也包括安西的榆林窟，通常用以指莫高窟。

莫高窟位于敦煌市东南25千米处，开凿在鸣沙山东麓的断崖上。有洞窟735个，保存壁画4.5万多平方米，彩塑2400余尊，唐宋木构窟檐5座。洞窟分南北两区：南区是莫高窟的精华所在；北区主要是僧人和工匠的居住地，塑像和壁画很少。莫高窟的开凿从十六国时期至元代，前后延续约1000年，这在中国石窟中绝无仅有。莫高窟是中国石窟艺术发展演变的一个缩影，在石窟艺术中享有崇高的历史地位。1961年国务院公布莫高窟、榆林窟为全国重点文物保护单位。1987年，莫高窟作为文化遗产被列入《世界遗产名录》。

历史沿革 汉武帝开通丝绸之路后，作为西陲重镇的敦煌，成为沟通中原和西域的交通枢纽。包括佛教文化和艺术在内的中西文明在这里交汇、碰撞，这是敦煌石窟艺术产生的历史根源。据武周圣历元年（698）《李君修佛龛碑》记载，前秦建元二年（366）乐僔和尚在莫高窟创凿洞窟，法良禅师接续建造。此后，北魏宗室东阳王元太荣、北周贵族建平公于义先后出任瓜州（敦煌）刺史，受崇佛造像风习的影响，莫高窟开始发展。隋和唐前期，敦煌经济繁荣，丝路畅通，莫高窟也进入鼎盛时期。安史之乱后，建中二年（781）吐蕃占沙州（敦煌），在吐蕃赞普保护下，莫高窟得以继续发展。大中二年（848）张议潮率兵起义，收复河西十一州失地，奏

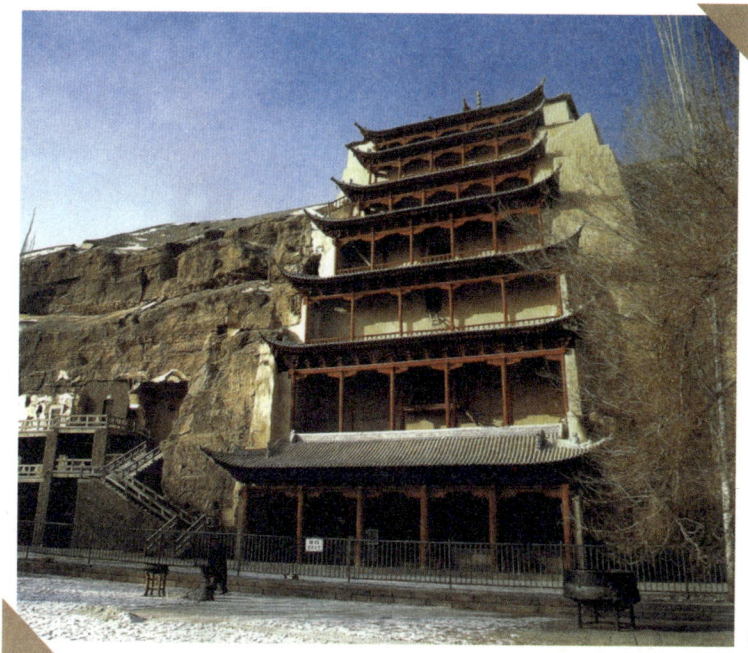

莫高窟外景

表归唐。在张氏归义军政权统治的晚唐时期，张氏家属及其显贵姻亲在此继续修建。乾化四年（914）曹议金取代张氏执掌归义军政权，曹氏家族统治瓜（安西）沙（敦煌）120多年，新建洞窟，还全面重绘重修前代洞窟和窟檐，在崖面上大面积绘制露天壁画，使莫高窟外观蔚为壮观。北宋景祐三年（1036）和南宋宝庆三年（1227）此地先后为西夏、蒙古政权统治，尽管仍有兴造修葺，但伴随丝绸之路失去重要作用和敦煌经济萧条，莫高窟已趋衰落。元代以后停止开窟。

发现和保护　莫高窟在明代一度荒废，鲜为人知。至清代有文人记录有关莫高窟的资料，并探讨它的创建年代和历史。光绪二十六年（1900）道士王圆箓发现藏经洞后，英国的 M.A. 斯坦因、法国人伯希和、日本人橘瑞超和吉川小一郎相继掠走洞中大量经书等文物，俄国人 S.F. 奥尔登堡、美国人 L. 华尔纳还盗走莫高窟的一些壁画。这些盗劫和破坏使敦煌文物受到很大损失。1944 年，在莫高窟建立国立敦煌艺术研究所。中华人民共和国建立后，莫高窟得到真正的重视和保护。1951 年，敦煌艺术研究所更名为敦煌文物研究所。此后，对石窟进行勘察、保护和维修。20 世纪 60 ～ 80 年代还进行考古发掘，新发现一批窟前建筑遗址、洞窟和文物。

洞窟概况　根据洞窟形制，雕塑、壁画题材的内容和风格特点，莫高窟可分为北朝、隋唐、五代至宋、西夏至元四大发展时期。

《五百盲贼得眼故事画》（莫高窟第 285 窟南壁壁画）

　　北朝现存洞窟主要是北魏、西魏、北周时开凿，个别北魏洞窟可能开凿于北凉时。窟形主要有中心柱窟、方形窟和禅窟三种。中心柱窟平面长方形，窟内凿出方形塔柱，柱体四面开龛塑像，窟顶前部多作"人字披"形，后部为平棊顶。此为北朝典型窟形。方形窟为覆斗形顶，正壁大多凿一大龛。禅窟较少，典型洞窟第 285 窟平面方形，正壁凿一大龛，两侧各凿一小龛，南北壁各凿出四个小禅室。这一时期的洞窟，主像一般是释迦牟尼或弥勒，还有释迦多宝并坐像、菩萨像和禅僧像等。有的中心柱和四壁上部贴有影塑千佛、供养菩萨和飞天。窟顶和四壁满绘壁画，顶和四壁上部多绘天宫伎乐，四壁下部为药叉或装饰花纹，中部壁面除千佛外，主要画佛传、本生和因缘故事，位置适中，醒目突出。这类故事画的构图，除单幅的外，多为横卷连环画形式。例如，莫高窟285窟的《五百盲贼得眼故事画》，表现了作战、被俘、审讯、受刑等场面。以白色为底，色调清新雅致，风格明快洒脱，是西魏壁画的杰作。北朝佛教重视禅行，故此时洞窟内容多与僧人坐禅观佛的宗教活动有关。北魏壁画多以土红为底色，用青、绿、赭、白等色敷彩，色彩热烈厚重，风格朴拙浑厚，并有浓厚的西域佛教艺术特征。西魏以后多用白色壁面为底，色调趋于清新雅致，风格明快洒脱，呈现出中原风格。

隋唐为莫高窟的全盛期，洞窟占总数的60%以上。典型窟形是平面方形的覆斗顶窟，一般正壁凿一龛，新出现南、西、北三壁各凿一龛的形式。唐代前期出现高30米以上的大像窟，正壁为石胎泥塑的大倚坐弥勒像，像两侧和后部凿出供绕行巡礼的隧道。窟前有窟檐式多层木构建筑。唐代后期出现佛坛窟和卧佛窟。佛坛窟方形，覆斗顶，主室正中设佛坛，坛后部有通连窟顶的背屏，塑像置于佛坛上；大卧佛窟横长方形，盝顶，后部凿出涅槃台，上塑涅槃像。这一时期塑像风格与中原地区更趋一致，塑造形体和刻画人物性格的技艺进一步提高，题材内容增多，出现前代不见的高大塑像。隋代塑像主要是一佛二弟子二菩萨或一佛二弟子四菩萨组合。个别洞窟还有二力士、四天王。出现一佛二菩萨为一组的立

莫高窟第 45 窟塑像

像，或三组鼎足而立的九身立像。此时塑像面型方圆，体形健壮，较为写实，腿部一般较短。唐代塑像主要是一佛二弟子二天王或加二力士组合，此外有七佛像、供养菩萨像和高僧像等。例如，莫高窟第 45 窟的塑像塑于正壁龛内，为一佛二弟子二菩萨二天王像。佛像庄严，弟子谦恭，菩萨窈窕，天王雄健，整组造像丰满圆润，形象逼真，是莫高窟盛唐时期雕塑的杰出代表。

隋唐时期的壁画题材丰富，场面宏伟，色彩瑰丽。人物造型、敷彩晕染和线描技艺达到空前水平。隋代壁画正值北朝向唐代过渡阶段，除沿用原有的一些题材外，新出现经变画。画面一般较小，内容也较简单。唐代壁画的主要题材是多种经变画，前后期在题材和布局上有所不同。前期有观无量寿经变、阿弥陀经变、东方药师经变、弥勒经变、维摩诘经变、法华经变等，一般是每壁一幅经变，同一窟内题材种类不多。后期经变种类繁多，多种经变汇于一窟，新出现金刚经变、华严经变、思益梵天请问经变、密严经变、楞伽经变、报父母恩重经变、劳度叉斗圣变等，这是唐代佛教宗派林立、各有所崇的写照。此外还有与经变画相配合的屏风画、佛教感应故事画、瑞像图、密宗题材画和历史人物画等。此时供养人像形体较大，多占据甬道两壁或窟内显著位置。经过隋代的探索，唐代的壁画艺术已臻于娴熟精湛。唐代前期人物丰润，肌胜于骨，色彩富丽，线描采用自由豪放的兰叶描，具有雄浑健康、生机勃勃的气派。吐蕃时期壁画色彩明快清雅，线描精细柔丽，人物性格刻画细腻，构图严密紧凑，形成细密精致柔丽的风格。至晚唐壁画出现

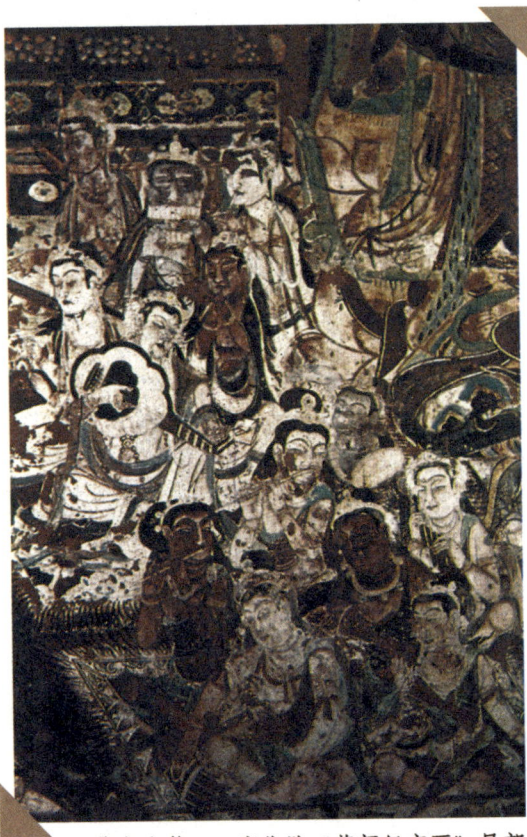

莫高窟第220窟北壁《药师经变画》局部

公式化趋向，已缺乏意境和情趣。

五代至宋窟形主要为中心佛坛窟，佛坛后部有连至窟顶的背屏。窟顶覆斗形，下端四角处凿出圆拱形凹面，画四大天王像。在莫高窟下层大窟的窟前曾建有木构殿堂建筑，构成前殿后窟的格局。现存4座宋初木构窟檐保留较多唐代风格，是研究唐宋建筑的重要资料。这一时期的彩塑遭到严重破坏，仅存两窟。造型虽有唐代余风，但技艺不如唐代精湛。壁画题材多沿袭唐代，主要有佛像画、经变画、佛教史迹画、瑞像图和供养人画像。这一时期的壁画，前期犹存唐代余风，人物肌肉丰腴，设色热烈，线描豪放而有变化，只是用笔粗糙简率。后期出现公式化，经变内容空洞，人物神情呆板，色彩贫乏，线条柔弱无力。

西夏至元新开凿的洞窟很少。西夏多是改建旧窟，重绘壁画。壁画虽多，新题材很少，但在构图和敷彩上有特点。壁画中供养菩萨行列变得高大，多占据甬道或壁面下部的显著位置。净土变之类的经变画，构图锐意简化，有的几乎与千佛像难以区分。画面构图和人物形象都过于程式化，呆滞而缺少生气。色彩以绿为底色，用土红勾线，整个画面色调偏冷。较多地使用沥粉堆金手法，为前代所少见。元代洞窟数量很少，第465窟和第3窟的壁画代表了当时两种不同的画风。前者后室四壁和窟顶布满密宗曼荼罗和明王像，四壁下部有织布、养鸡、牧牛、制陶、驯虎、制革、踏碓等各种人物画 60 多幅。内容、构图形式、人物形象和敷色、线描等带有浓郁的藏画风格和阴森、神秘的情调。后者壁画属于汉族画风，以密宗千手千眼观音菩萨像为主，以细而刚劲的铁线勾描人物形体，用兰叶描和折芦描表现衣纹和飘带的转折顿挫，线描技术造诣很高。此外，第 61 窟甬道两壁有西夏末年、元初重画的《炽盛光佛》和《黄道十二宫星象图》，题材为莫高窟壁画中所仅见。

西藏布达拉宫

中国佛教寺院。藏传佛教著名建筑。"布达拉"梵语意为"佛教圣地"。位于西藏拉萨盆地中央突起的红山上。木石结构，依山势构筑，主楼共 13 层，高 117 米，东西长约 360 米。宫墙用石和三合土砌成，厚 3 米，坚固壮观。宫内有大量壁画、灵塔、雕塑等，是一大艺术宝库。

布达拉宫为 7 世纪时吐蕃松赞干布为入藏联姻的文成公

主修建。大规模的营建始于 17 世纪。1645 年，五世达赖喇嘛令第巴索南饶丹主持扩建布达拉宫，历时 8 年，建成白宫部分。1653 年，五世达赖自哲蚌寺甘丹颇章迁居布达拉宫。1690 年，第巴桑结嘉措又营建红宫部分。经半个世纪的多次扩建增修，布达拉宫才具有现在的规模。现存布达拉宫最古老的建筑是法王洞。9 世纪时，布达拉宫因吐蕃内乱遭到破坏，仅存法王洞。洞内供养松赞干布和文成公主、尼泊尔尺尊公主等人并列的塑像。

白宫横贯两翼，为达赖喇嘛生活起居地，由布达拉宫正门拾级而上，经过廊道，有一个离地面 60 多米、面积 1600 平方米的广场。过去达赖喇嘛在此观看喜庆活动。平台东西两边各有楼房，从平台有木梯通往上方宫殿德阳厦（堂）。北佛殿供有五世达赖的坐像，内有达赖读经室。东佛殿（措木钦厦）正中供着格鲁派创始者宗喀巴坐像。其旁有一经堂，供奉宁玛派祖师莲花生。各殿堂长廊摆设精美，布置华丽，墙上绘有与佛教有关的绘画，多出于名家之手。

红宫居中，供奉佛像、松赞干布像、文成公主和尼泊尔尺尊公主像等数千尊。其中以五世达赖喇嘛的灵塔为最大，塔高 14 米，用 3721 千克的黄金和无数珍珠宝石镶嵌。五世达赖喇嘛遗体为坐式，两侧安置着十一世与十二世达赖喇嘛遗骸的小灵塔。西佛殿（司西平措）是五世达赖喇嘛的享堂，也是红宫最大的玄殿，五世达赖喇嘛进京朝见清顺治皇帝的壁画，处于显要部位。

五世达赖喇嘛灵塔

布达拉宫整个建筑群占地 13 万平方米，房屋数千间，布局严谨，错落有致，体现了西藏建筑工匠的高超技艺。布达拉宫是西藏政教合一政权的中心。每逢节日活动，宫门挤满信仰藏传佛教的各民族佛教徒，成为著名佛教圣地。布达拉宫 1990 年 8 月后重修，是全国重点文物保护单位。1994 年布达拉宫作为文化遗产已被联合国教科文组织列入《世界遗产名录》。此后，拉萨大昭寺和罗布林卡相继作为布达拉宫世界遗产的扩展项目被列入《世界遗产名录》。

河北承德避暑山庄

中国现存占地最大的古代离宫别苑。建于清代。又称热河行宫、承德离宫，位于河北承德。避暑山庄于 1994 年被列入《世界遗产名录》。

沿革 承德地处长城内外交通要冲，清朝开国后，皇帝每年都到木兰围场（在今河北省围场满族蒙古族自治县）行围狩

避暑山庄正门

猎。避暑山庄始建于康熙四十二年（1703），康熙四十七年初具规模。扩建从乾隆十六年（1751）一直持续到乾隆五十五年。清朝历代皇帝每逢夏季到此避暑和处理政务，这里便成为第二政治中心。清末国势式微，山庄日益衰废。中华人民共和国建立后，设立管理机构，进行整顿修葺。

布局 承德位于群山环抱之中，有滦河、武烈河流过，峰峦重叠，林木葱郁，盛夏凉爽宜人。避暑山庄占地564公顷。山庄内有康熙用四字题名的36景和乾隆用三字题名的36景。这些风景博采中国各地风景园林艺术风格，使山庄成为各地胜迹的缩影。山庄可分为宫殿区、湖区、平原区和山区。其中山岳约占全园面积4/5，平原占1/5。平原中湖泊占面积的一半，主要由热河泉汇聚而成。山庄创造了山、水、建筑浑然一体而又富于变化的园林，其布局立意、造园手法在中国古代营苑中占有重要地位。

避暑山庄的布局运用了"前宫后苑"的传统手法。宫殿区位于山庄南端，包括正宫、松鹤斋、东宫和万壑松风四组建筑群。正宫在宫殿区西侧，是清代皇帝处理政务和居住所在。按"前朝后寝"的形制，由九进院落组成。布局严整，建筑外形简朴，装修淡雅。全组建筑基座低矮，梁枋不施彩画，屋顶不用琉璃，与京城巍峨豪华的宫殿大不相同。松鹤斋在正宫之东，由七进院落组成，庭中古松耸峙，环境清幽。万壑松风为松鹤斋最后一进院落，是乾隆幼时读书处。六幢大小不同的建筑错落布置，以回廊相连，富于南方园林建筑特色。东宫在松鹤斋之东，已毁于火，除卷阿胜境殿已修复外，其余仅存基址。

湖区是山庄风景的重点，位于宫殿区之北，为大小洲屿分隔成形式各异、意趣不同的湖面，用长堤、小桥、曲径纵横相连。建筑采用分散布局手法，园中有园，每组建筑都形成独立的小天地。山庄72景，有31景在湖区。在较大的岛屿或地段，布置了严谨四合院式的封闭空间，如"月色江声""如意洲"。这里是皇帝宴饮和会客的地方。在较小的岛屿或地段，则结合地势布置楼阁，如金山、烟雨楼等。湖泊区许多景点都具有江南园林特征，但建筑本身又是北方形式，叠石也以北方青石为主，这些都与浑厚的自然景色和谐统一，形成独特的园林风格。整个湖区为远山近岭所环抱，园内山岭屏列于西北部，园外东南部形状奇特的磬锤峰、罗汉山、

僧冠峰，隔武烈河与山庄相望。承德外八庙中的普宁寺、普乐寺、安远庙隐现于群峰之中。这种借景手法，增加景物层次，使湖区景观更为丰富多彩。

湖区北岸分布"莺啭乔木"等四座亭，是湖区与平原区的过渡，又是欣赏湖光山色的佳处。其北为辽阔的平原区，过去古木参天，碧草如茵；草丛中驯鹿成群，野兔出没，煞似草原风光。试马埭曾是进行表演摔跤、赛马的地方。万树园原为蒙古牧马场，乾隆时在此搭建蒙古包，宴请少数民族首领和外国使节。平原西侧山脚下坐落着的文津阁，按照宁波天一阁布局修建，曾珍藏《古今图书集成》和《四库全书》各一部。

山庄西北部，自南向北山峦起伏，松云峡、梨树峪、松林峪、榛子峪等通往山区。这里原有很多园林建筑和大小寺院，均已损毁。现存"锤峰落照""南山积雪"和"四面云山"三亭系后来修复，三亭扼守山庄的北、西北、西三面山区。随地势增高，视野不断扩大，不仅可俯瞰湖区景色，且与园外远山呼应。每当夕阳西下，从"锤峰落照"可直望落日余晖中高耸的磬锤峰；至若冬雪初霁，从"南山积雪"可远眺雪中起伏的南部群山；而从"四面云山"则可在淡云薄雾中一览周围崇山峻岭，在不同的时间和条件下构成情趣各异的壮丽图画。

湖北武当山古建筑群

武当山是中国名山，道教圣地，著名风景区，一名太和山，是秦岭、大巴山的东延部分。位于湖北省西北部，汉江南岸。西北起自堵河，东南止于南河，绵延百余千米。主峰天柱峰海拔1600多米。

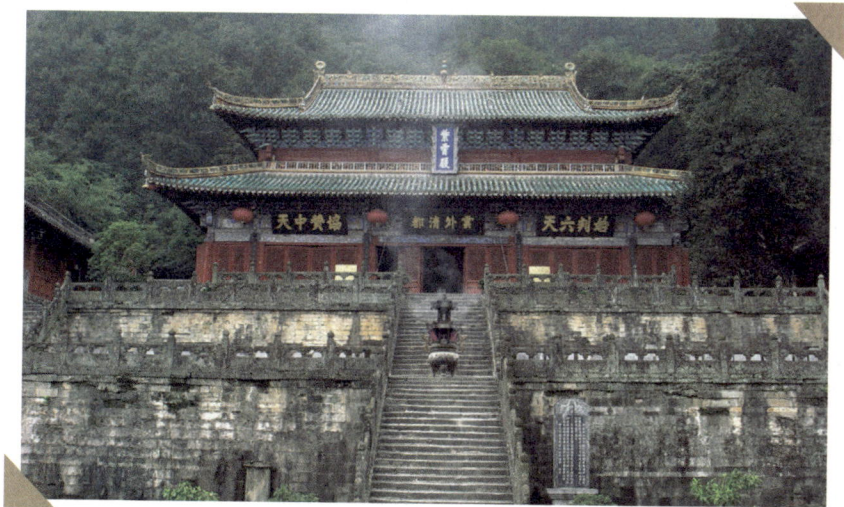

武当山紫霄宫

　　武当山山体四周低下，中央呈块状突起，多由古生代千枚岩、板岩和片岩构成，局部有花岗岩。岩层节理发育，并有沿旧断层线不断上升的迹象，形成许多悬崖峭壁的断层崖地貌。气候温暖湿润，年降水量900～1200毫米，多集中夏季，为湖北省暴雨中心之一。原生植被属北亚热带常绿阔叶、落叶阔叶混合林，次生林为针阔混交林和针叶林，主要有松、杉、桦、栎等。药用植物有400多种。

　　以主峰天柱峰为中心的武当山风景名胜区有七十二峰、三十六岩、二十四涧、十一洞、三潭、九泉等胜景，还有上、下十八盘等险道及"七十二峰朝大顶"和"金殿叠影"等奇景。武当山还保存有规模宏伟的道教建筑群和众多的文物古迹。早期的有唐贞观年间建的五龙祠，宋、元建筑增多。明永乐年间大兴土木，建成33个规模宏大的宫观建筑群，建筑总面积达160多万平方米。位于主峰东北的武当山镇为武当山风景区大门。襄渝铁路、老白公路在此并行通过。

　　武当山亦为武当派拳术发源地，以"武当太乙五行拳"闻名中外。

　　武当山金殿是

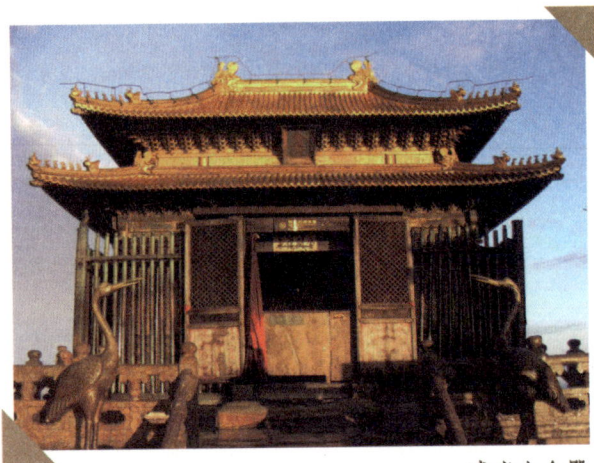

武当山金殿

中国古代铜铸鎏金宫观建筑，又称金顶，在湖北省丹江口市著名道教圣地武当山主峰天柱峰的顶端，建于明永乐十四年（1416）。武当山金殿为四坡重檐歇山式宫殿，由铜铸鎏金构件铆榫拼焊而成，总重约 90 吨，是中国现有最大铜建筑物。1994 年武当山古建筑群被列入《世界遗产名录》。

北京颐和园

中国清代的行宫御苑，在北京的西北郊。原名清漪园，始建于清乾隆十五年（1750），历时 15 年竣工，是清代北京"三山五园"（香山静宜园、玉泉山静明园、万寿山清漪园、圆明园、畅春园）中最后建成的一座。咸丰十年（1860）被英、法侵略军焚毁。光绪十二年（1886）开始重建，光绪十四年改名颐和园。光绪二十一年工程结束。光绪二十六年又遭八国联军破坏，翌年修复。

1998 年颐和园作为文化遗产被列入《世界遗产名录》。

全园占地约 290 公顷，划分为宫廷区和苑林区两部分。颐和园是当时"垂帘听政"的慈禧太后长期居住的离宫，兼有宫和苑的双重功能。因此，在进园的正门内建置一个宫廷区作为接见臣僚、处理朝政的地方。宫廷区是由殿堂、朝房、值房等组成的多进院落的建筑群，占地不大，相对独立于其后的面积广阔的苑林区。

苑林区以万寿山、昆明湖为主体。万寿山东西长约 1000 米，高 60 米。昆明湖水面约占全园面积的 78％，湖的西北端绕过万寿山西麓而连接于北麓的"后湖"，构成山环水抱的形势，把湖和山紧密地连成一体。昆明湖是清代皇家诸园中最大的湖泊，湖中一道长堤——西堤，自西北逶迤向南。西堤及其支堤把湖面划分为三个大小不等的水域，每个水域各有一个湖心岛。这三个岛在湖面上成鼎足而峙的布列，象征着中国古老传说中的东海三神山——蓬莱、方丈、瀛洲。西

堤以及堤上的六座桥是有意识地模仿杭州西湖的苏堤和"苏堤六桥"。西堤一带碧波垂柳，自然景色开阔，园外

颐和园石舫

数里的玉泉山秀丽山形和山顶的玉峰塔影排闼而来。从昆明湖上和湖滨西望，园外之景和园内湖山浑然一体，这是中国园林中运用借景手法的杰出范例。湖区建筑主要集中在三个岛上。湖岸和湖堤绿树荫浓，掩映潋滟水光，呈现一派富于江南情调的近湖远山的自然美。

万寿山的南坡（即前山）濒昆明湖，湖山连属，构成一个极其开朗的自然环境。这里的湖、山、岛、堤及其上的建筑，配合着园外的借景，形成一幅幅连续展开、如锦似绣的风景画卷。从湖岸直到山顶，一重重华丽的殿堂台阁将山坡覆盖住，构成贯穿于前山上下的纵向中轴线。这组大建筑群包括园内主体建筑物——帝、后举行庆典朝会的"排云殿"和佛寺"佛香阁"。阁高约 40 米，雄踞于石砌高台之上，成为整个前山和昆明湖的构图中心。与中央建筑群的纵向轴线相呼应的是横贯山麓、沿湖北岸东西逶迤的"长廊"，共 273

间，全长 728 米，这是中国园林中最长的游廊。前山其余地段的建筑体量较小，自然而疏朗地布置在山麓、山坡和山脊上，镶嵌在葱茏的苍松翠柏之中，用以烘托端庄、典丽的中央建筑群。

后湖的河道蜿蜒于万寿山北坡即后山的山麓。造园匠师巧妙地利用河道北岸与宫墙的局促环境，在北岸堆筑假山障隔宫墙，并与南岸的真山脉络相配合而造成两山夹一水的地貌。河道的水面有宽有窄，时收时放，泛舟后湖给人以山复水回、柳暗花明之趣，成为园内一处出色的幽静水景。

后山的景观与前山迥然不同，是富有山林野趣的自然环境，林木蓊郁，山道弯曲，景色幽邃。除中部的佛寺"须弥灵境"外，建筑物大都集中为若干处自成一体，与周围环境组成精致的小园林。后湖中段两岸，是乾隆时模仿江南河街市肆而修建的"买卖街"遗址。后山的建筑除谐趣园和霁清轩于光绪时完整重建之外，其余都残缺不全，只能凭借断垣颓壁依稀辨认当年的规模。谐趣园原名惠山园，是模仿无锡寄畅园而建成的一座园中园。全园以水面为中心，以水景为主体，环池布置清朴雅洁的厅、堂、楼、榭、亭、轩等建筑，曲廊连接，间植垂柳修竹。池北岸叠石为假山，从后湖引来活水经玉琴峡沿山石叠落而下注于池中。流水叮咚，以声入景，更增加这座小园林的诗情画意。

20 世纪 80 年代以来，园内一些重要景点遗址陆续得以恢复，如后山的买卖街、澹宁堂、西堤上的景明楼、湖西岸的耕织图等，更增加了园景整体的魅力。

河南洛阳龙门石窟

中国佛教石窟。位于河南省洛阳市城南 13 千米处的龙门口。与敦煌石窟、云冈石窟并为中国三大石窟。石窟所在地因东、西两山对峙，伊水穿流其间，形成天然门阙，有伊阙之称。这里背山面水，环境幽静，景色宜人，是佛教徒理想的禅修栖身之所。

约从北魏太和十七年（493）开始，利用西山天然洞穴凿龛造像。以后东魏、西魏、北齐、隋、唐诸朝又在东、西两山峭壁继续营造，最终形成南北长达 1 千米的石窟群。现有编号窟龛 2300 余个，造像 10 万余躯，浮雕石塔 40 多座。窟区还有众多佛寺，现存清代重建的香山寺。另有唐代的奉先寺和香山寺遗址，以及白居易墓等。众多的名胜古迹和优美

的自然环境，使这里成为集林、洞窟、寺、墓塔于一体的历史文化名山和风景名胜区。1961 年国务院公布龙门石窟为第一批全国重点文物保护单位。2000 年龙门石窟作为文化遗产被列入《世界遗产名录》。

开凿历史　北魏孝文帝迁都洛阳前，西山古阳洞已在雕凿龛像。迁洛后，皇室开窟造像活动由平城（今山西大同）转移到洛阳龙门。据《魏书·释老志》记载，景明初于洛南伊阙山为高祖（孝文帝）和文昭皇太后营造石窟两所，永平中（508 ～ 512）为世宗造石窟一所，此即龙门西山的宾阳三洞。至神龟、正光之际，以孝明帝、胡太后为首的北魏统治集团竞相在洛阳大造佛寺，龙门石窟的开凿也达到鼎盛。孝昌以后皇室衰微。至北魏分裂，洛阳沦为东魏、西魏和北齐、北周争霸的战场，大规模的开窟工程中断，只有零星补凿的小龛像。直至唐初太宗和高宗时，龙门开窟再兴。尤其是高宗显庆二年（657）置东都后，高宗、武则天长期留居东都，龙门开窟造像达到高潮。玄宗天宝后，洛阳为安史之乱军所占，石窟开凿基本终止。

北魏洞窟 龙门魏窟承袭云冈北魏洞窟形成和发展。窟形主要有仿云冈昙曜五窟的马蹄形窟，窟内主尊造像较云冈小，增加了窟内礼佛的空间。还有方形的三壁三龛式窟、圆形或圆角方形的三壁设坛式窟和纵长方形窟。少数洞窟外面雕出屋脊、瓦垄等仿木建筑窟檐，或雕出火焰尖拱门楣，是云冈石窟完整仿木窟檐的简化形式。穹隆顶上一般都雕一朵大莲花，周围环绕细腰长裙、飘逸自如的伎乐飞天，有祥云烘托，象征着天穹。一些洞窟的地面也刻有以莲花为母题的装饰图案。各大窟内有大量小龛，形制多样，有方形龛、圆拱龛、屋形龛、帐形龛和盝顶龛等基本龛形，以及两种或三种龛形糅合在一起的新龛形。龛楣雕刻华丽，由龙凤、鹿、饕餮、童子、忍冬纹、火焰纹、连珠纹、垂幔、流苏等组成变幻

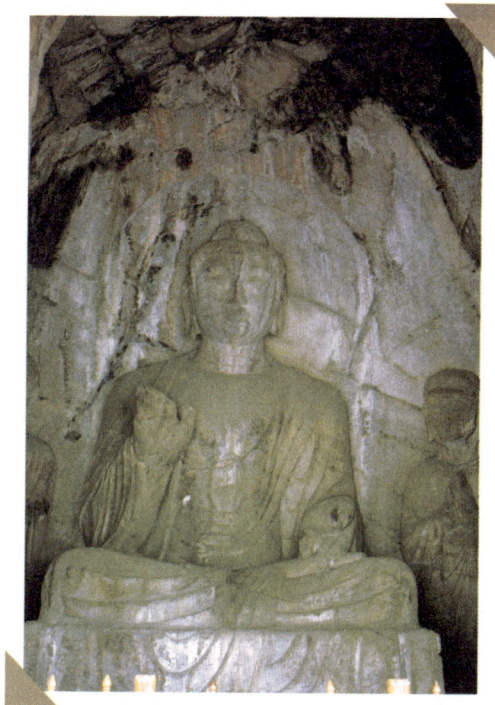

宾阳中洞主尊释迦牟尼佛（居窟内正壁，雕造于北魏宣武帝时）

49

无穷的装饰图案。楣面还雕刻七佛、佛本行故事、维摩文殊说法和飞天等。

主尊造像题材流行释迦和交脚弥勒菩萨，以及表现佛法传承的三世佛和表现《法华经》题材的释迦多宝二佛并坐说法。还有无量寿佛、观世音菩萨和定光佛等，但比较少见。窟内壁面雕有连环画式的佛传、本生和因缘故事，以及供养人像和大型帝后礼佛图等。盛行维摩居士和文殊菩萨问答题材，一般占据龛外两侧上方显要位置，反映出当时《法华经》《弥勒上生经》和《维摩诘经》等佛典的流行。出现帝后礼佛图，反映出当时帝王臣僚热烈崇佛。

这一时期营造的洞窟主要有古阳洞、莲花洞、宾阳中洞、火烧洞、魏字洞、皇甫公窟等。

唐代洞窟 唐代洞窟在北朝洞窟的基础上有新发展。流行圆形或圆角方形的列像窟，新出现平面作横长方形的洞窟。窟顶一般为穹隆顶，也有平顶、覆斗顶和券顶。洞窟外观的处理较为简略，不见北魏时流行的仿木建筑窟檐或火焰尖拱门楣，往往在窟门正上方雕出造像碑或题额，如"北市丝行像龛""明孺州家功德""北市采帛行净土堂"等，即为表明开凿者身份和造像内容的题额。除列像窟外，摩崖大佛龛也颇具特色，如奉先寺和摩崖三佛龛突破了窟室的局限，直接依崖造像。此外，还有供僧人禅修的禅窟和瘗埋亡者的瘗窟。

唐代造像内容丰富，除原有的释迦佛和三佛组合外，反映佛教各宗派的题材明显增多。例如，许多洞窟以净土宗供奉的西方阿弥陀佛为主尊，净土洞左右壁甚至出现《观无量寿佛经》中"九品往生"经变画。单

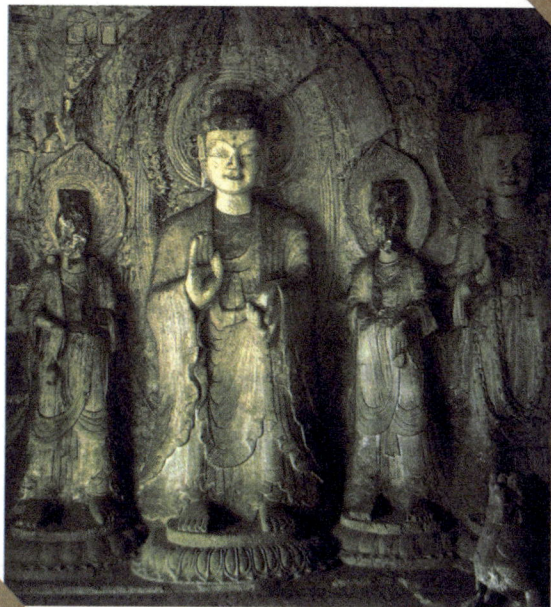

潜溪寺主尊阿弥陀佛（雕造于唐永徽末至显庆年间。典型的初唐佛教造像）

身观世音菩萨龛也较多见。还有与华严宗有关的奉先寺卢舍那佛，与密宗有关的擂鼓洞大日如来像、万佛沟千手千眼观音和四臂八臂观音像，与禅宗有关的大万五佛洞和看经寺传法祖师像，与三阶教有关的地藏菩萨等。这些题材反映了当时佛教宗派林立、在洛阳地区广泛流行的背景。

这一时期的主要洞窟有药方洞、宾阳南洞、宾阳北洞、潜溪寺、奉先寺、万佛洞等几十处。

碑刻题记 龙门石窟是中国石窟题记最多的石窟，其中有纪年者700余品。碑刻题记中保存了大量的北魏、唐代皇宰和臣僚的造像功德记。著名的有北魏安定王元燮、广川工

元略、齐郡王元祐、北海王元祥、辅国将军杨大眼等人的造像题刻，唐代魏王李泰、道王李元庆母、纪王李慎母、中山郡王李隆业、太宗女豫章公主、官吏阿史那忠等人的题刻。此外还刻有《金刚般若波罗蜜经》《佛顶尊胜陀罗尼经》等佛教经典，以及药方洞的古药方，外国高僧题名，洛阳北市"采帛行""丝行""香行社"等商业行会的造像题记等。这些碑刻题记是研究龙门石窟开凿历程、古代医药、佛教宗派、行会制度和中外文化交流的珍贵资料。龙门碑刻还是书法艺术的宝库，以魏碑体的北魏《龙门二十品》最享盛誉，驰名中外。褚遂良所书《伊阙佛龛碑》和开元十年（722）补刻的《大卢舍那像龛》，堪称初唐、盛唐楷书的经典之作。

明清皇家陵寝

明清时代（1368～1911）是陵寝建设史上的一个辉煌时期。明朝的开国皇帝朱元璋对陵寝制度做了重大改革。他将地上的封土堆由以前的覆斗式方形改为圆形或长圆形，又取消寝宫，并扩大了祭殿建筑。清代沿袭明代制度，更加注重陵园与周围山川形胜的结合，注重按所葬人辈分排列顺序，还形成了帝后妃陵寝的配套序列，在祭祀制度上也更加完善、合理。明清皇家陵寝包括明显陵、清东陵、清西陵和盛京三陵。2003 年北京市的十三陵和江苏南京市的明孝陵也作为明清皇家陵寝的一部分被收入《世界遗产名录》。

明显陵

明追谥恭睿献皇帝朱祐杬的陵墓。在湖北省钟祥市北 7.5 千米的纯德山。明正德十四年（1519）开始修建，至嘉靖十九年（1540）建成。朱祐杬系明宪宗次子，成化年间册封兴王，正德十四年（1519）卒，谥号献，称兴献王，同年葬此，称献陵。正德十六年（1521），朱祐杬之子朱厚熜继承皇位，改元嘉靖。嘉靖三年（1524）朱厚熜追尊其父为恭睿献皇帝，改献陵为显陵。据文献记载，显陵的建筑规模和祭扫制度与其他皇陵相同。明末清初遭战火破坏，建筑物逐渐残坏。

明显陵围陵面积 183.13 公顷，整个陵园双城封建，其外罗城周长 3600 余米，红墙黄瓦，金碧辉煌，蜿蜒起伏于重峦叠嶂之中。由 30 余处规模宏大的建筑群组成，依山间台地渐次布列有纯德山碑、敕谕碑、外明塘、下马碑、新红门、旧红门、御碑楼、望柱、石象生、棂星门、九曲御河、内明塘、棱恩门、陵寝门、双柱门、方城、明楼、前后宝城等，疏密有间，错落有致，尊卑有序。建筑掩映于山环水抱之中，相互映衬，如同天造地设，是建筑艺术与环境美学相结合的杰作。

明显陵因其修建时间长，工程巨大，从而形成了很高的建筑水平。明显陵在规划布局上，利用中国传统的风水理论，将陵区四周的山川水系作为建筑构成的主体要素，"陵制与山水相称"，根据"负阴抱阳""背山面水"的原则，将松林山左峰作为依托玄宫（皇帝棺椁停放的地下宫殿）的祖山，左有山脉作为陵区两侧环护的砂山，前沿的天子岗作为陵寝的案山，形成了一个与自然高度和谐的局部小环境。显陵在建筑手法上也有其独特之处，如一座陵墓二座地下宫殿、金瓶形的外罗城、九曲回环的御河、龙形神道和内外明塘等都是明陵中仅见的孤例。同时，显陵的建造是明中叶重大事件"大礼议"的产物，关联着嘉靖初年的社会思想、信仰和一些政坛首脑人物的命运，具有重大历史意义。

明显陵原始建筑和环境风貌保存完好，建筑规模宏大，陵寝结构独特，文化内涵丰厚，堪称中国帝陵的璀璨明珠。1988年明显陵被国务院公布为全国重点文物保护单位，2000年11月30日被联合国教科文组织批准列入《世界遗产名录》。2008 年 4 月，明显陵被国家旅游局批准为 4A 级旅游景区。

清东陵

中国清代皇陵区。位于河北省遵化市昌瑞山南麓。清顺治十八年（1661）起在此建陵，后又在易县建陵。此处位东，故称清东陵。有帝陵 5 座，为世祖顺治孝陵、圣祖康熙景陵、高宗乾隆裕陵、文宗咸丰定陵、穆宗同治惠陵。另有慈禧陵等后陵 4 座，以及妃园寝和王爷、皇太子、公主园寝等。1928 年裕陵和慈禧陵地宫被军阀孙殿英盗掘一空，至 1945 年其他各陵也被盗掘。1952 年建清东陵文物保管所负责保护（后改为清东陵文物管理处）。1961 年国务院公布为全国重点文物保护单位。2000 年作为文化遗产被列入《世界遗产名录》。现已成为著名旅游景区。

慈禧陵梁枋贴金彩画

陵区占地面积约2500平方千米。帝、后、妃陵寝以孝陵为中心，按顺序排列两旁。南面正门为大红门，是孝陵和整个陵区的门户。门前有石牌坊，门内有长达5.5千米的神道直通孝陵。门内东侧为更衣殿。从大红门顺神道往北，依次有孝陵圣德神功碑楼，文臣、武将、石兽等18对石象生，龙凤门，神道桥，神道碑亭。碑亭内有镌刻着皇帝庙号和谥号的石碑。神道后段，又分出景陵、裕陵和定陵的神道，通往各陵，唯惠陵无神道。各帝、后陵园形制基本相同：前面隆恩门内为隆恩殿和东西配殿，往后依次有三座门、二柱门和石五供，再后为明楼，最后是宝城、宝顶，宝顶下为地宫。其中慈禧陵的隆恩殿最为豪华，栏杆、陛石采用透雕技法，梁柱用黄花梨木，斗栱、梁枋、天花板上的彩绘和雕砖内壁全部贴金，殿内外64根柱上均有高浮雕金龙盘绕。裕陵地宫规模最大，进深54米，为青白石砌成的拱券式结构，有3室4道石门，墓室四壁及顶部雕刻佛像和经文。

清西陵

中国清代皇陵区。位于河北省易县城西的永宁山下。清入关后所建二陵中，此陵位西，故称清西陵。始建于雍正八年（1730）。有帝陵4座，为世宗雍正泰陵、仁宗嘉庆昌陵、宣宗道光慕陵、德宗光绪崇陵。另有后陵2座，后妃合葬墓1座，以及妃园寝和王爷、公主园寝等。1938年，崇陵和崇妃园寝被盗。1952年建清西陵文物保管所保护（后改为清西陵文物管理处）。1961年国务院公布为全国重点文物保护单位。2000年作为文化遗产被列入《世界遗产名录》。现已成为著名旅游景区。

陵区面积 220 余平方千米，以并列的泰陵和昌陵为中心，西有慕陵，东有崇陵，布局不如清西陵整齐集中。陵区最南端有大红门，是泰陵和整个西陵的门户。门前有 3 座石牌坊、五孔石桥和下马碑。门内东侧有具服殿。泰陵和昌陵神道建制相同，自门内开始各自分开。神道上往北依次有圣德神功碑亭、七孔桥（桥北神道两侧立石望柱 1 对、石象生 5 对）、龙凤门、三路三孔桥、神道碑亭、下马碑和神厨库。神道碑上镌刻皇帝的谥号。慕陵和崇陵没有圣德神功碑亭和石象生。各陵陵寝建制基本相同，前面隆恩门内有隆恩殿及东西配殿，殿后有三座门、二柱门、石祭台，后面为方城、月牙城和宝城。方城上建明楼，楼内立皇帝庙号碑。宝城下为地宫。慕陵无明楼和方城等。

盛京三陵

清永陵 中国清太祖努尔哈赤先祖的陵墓。位于辽宁省新宾满族自治县永陵镇西北的启运山南麓。清永陵包括努尔哈赤远祖孟特穆、曾祖福满、祖父觉昌安、父塔克世、伯父礼敦、叔父塔察篇古之陵。始建于明万历二十六年（1598），原名兴京陵。清顺治十六年（1659）改称永陵。1988 年国务院公布为全国重点文物保护单位。有永陵文物保管所负责陵园的保护。2004 年被列入《世界遗产名录》。

陵园坐北朝南，平面呈正方形，周围有缭墙，从南向北

清永陵鸟瞰

分为前院、方城、宝城3部分。前院南墙正中为正红门。院内东西横列景祖觉昌安、肇祖孟特穆、兴祖福满、显祖塔克世4座方形碑楼，楼内各置龟座功德碑1座。院东西两侧原有茶膳房、齐班房、涤器房和祝版房，现仅存遗址。方城南面正中为启运门，门两侧各有照壁1座。方城北部正中为启运殿，东西两侧有配殿，西配殿前有砖砌焚帛亭。殿后宝城上陵墓东西环列，其中肇祖孟特穆陵为衣冠冢。

清福陵　中国清太祖努尔哈赤的陵墓。位于辽宁省沈阳市东郊，又称东陵。始建于后金天聪三年（1629），清顺治八年（1651）基本建成。1988年国务院公布为全国重点文物保护单位。现为沈阳市著名旅游景区。2004年被列入《世界遗产名录》。

清福陵正红门

　　陵区前临浑河，后倚天柱山。陵园平面为长方形，四周有砖缭墙。南面中部为正红门，门前两侧分列石狮、石牌坊、石华表和下马碑。门内砖铺参道，两侧对列石刻的华表、骆驼、马、狮、虎等。参道尽头，利用山势修筑出108级砖阶。北面过石桥有碑亭，内立康熙撰文《大清福陵神功圣德碑》。碑亭东、西有茶膳房、涤器房、省牲亭、齐班房。方城雄踞山上，四角设角楼，南墙正中为隆恩门，上建门楼。方城正中为隆恩殿，四周有回廊，东西有配殿，西侧有焚帛亭，殿后有石柱门和石五供。方城北面正中为券门，上建明楼，内立"太祖高皇帝之陵"石碑。方城后有月牙宝城，宝城宝顶下为地宫。

　　清昭陵　中国清太宗皇太极和皇后博尔济吉特氏的陵墓。又称北陵。位于辽宁省沈阳市旧城城北。始建于清崇德八年

（1643），竣工于顺治八年（1651）。盛京三陵中规模最大的一座。1982年国务院公布为全国重点文物保护单位。2004年列入《世界遗产名录》。

昭陵占地450万平方米。陵园坐北朝南，平面为长方形，周围有砖缭墙。南墙正中为正红门，门前自南往北有下马碑1座，石华表、石狮各1对，三孔石桥、石牌坊各1座。东西两侧各有一组院落，东为更衣亭，西为宰牲亭。正红门内神道两侧对列石华表1对、石兽6对。北端有碑楼，内立"大清昭陵神功圣德碑"。碑楼两侧有华表及茶膳房、涤器房等。碑楼后为方城，四角设角楼，南墙正中有隆恩门，上建门楼。方城正中为隆恩殿，殿前两侧有配殿和配楼，殿后有石柱门

和石五供。方城北面正中为明楼，内立"太宗文皇帝之陵"石碑。方城后面是月牙宝城，宝城宝顶下为地宫。宝城后是人工堆筑的隆业山。清昭陵已被辟为北陵公园，是沈阳著名旅游景区。

安徽古村落

西递、宏村古民居位于中国东部安徽省黟县境内的黄山风景区。西递和宏村是安徽南部民居中最具有代表性的两座古村落，它们以世外桃源般的田园风光、保存完好的村落形态、工艺精湛的徽派民居和丰富多彩的历史文化内涵而闻名天下。2000年被列入《世界遗产名录》。

西　递

西递村始建于北宋，迄今已有约960年的历史，为胡姓人家聚居之地。整个村落呈船形，四面环山，两条溪流穿村而过，村中街巷沿溪而设，均用青石铺地。整个村落空间自然流畅，动静相宜。街巷两旁的古建筑淡雅朴素，错落有致。西递村现存明、清古民居 124 幢，祠堂 3 幢，包括凌云阁、刺史牌楼、瑞玉庭、桃李园、东园、西园、大夫第、敬爱堂、履福堂、青云轩、膺福堂等，都堪称徽派古民居建筑艺术之典范。西递村头的三间青石牌坊建于明万历六年（1578），四柱五楼，峥嵘巍峨，结构精巧，是胡氏家族地位显赫的象征；村中有座康熙年间建造的履福堂，陈设典雅，充满书香气息，厅堂题为"书诗经世文章，孝悌传家根本""读书好营商好效好便好，创业难守成难知难不难"的对联，显示出"儒商"本色；村中另一古宅为"大夫第"，建于清康熙三十年（1691），为临街亭阁式建筑，原用于观景，门额下有"作退一步想"的题字，语意警醒，耐人咀嚼。西递村中各家各户的宅院都颇为富丽雅致：精巧的花园，黑色大理石制作的门框、漏窗，石雕的奇花异卉、飞禽走兽，砖雕的楼台亭阁、人物戏文，以及精美的木雕，绚丽的彩绘、壁画，都体现了中国古代艺术之精华。西递以其"布局之工，结构之巧，装饰之美，营造之精，文化内涵之深"，为国内古民居建筑群所罕见，是徽派民居中的一颗明珠。

宏　村

宏村始建于南宋绍熙年间（1190～1194），原为汪姓聚居之地，绵延至今已有 800 余年。它背倚黄山余脉羊栈岭、雷岗山等，地势较高，经常云蒸霞蔚，有时如浓墨重彩，有时似泼墨写意，真好似一幅徐徐展开的山水长卷，因此被誉为"中国画里的乡村"。

古宏村人规划、建造的牛形村落和人工水系，是当今"建筑史上一大奇观"。巍峨苍翠的雷岗为牛首，参天古木是牛角，由东而西错落有致的民居群宛如庞大的牛躯。引清泉为"牛肠"，经村流入被称为"牛胃"的月塘后，经过滤流向村外被称作是"牛肚"的南湖。人们还在绕村的河溪上先后架起了 4 座桥梁，作为"牛腿"。这种别出心裁的科学的村落水系设计，不仅为村民解决了消防用水，而且调节了气温，为居民生产、生活用水提供了方便，创造了一种"浣汲未防溪路远，家家门前有清泉"的良好环境。全村现保存完好的

明清古民居有 140 余幢，古朴典雅，意趣横生。"承志堂"富丽堂皇，精雕细刻，可谓皖南古民居之最；南湖书院的亭台楼阁与湖光山色交相辉映，深具传统徽派建筑风格；敬修堂、东贤堂、三立堂、叙仁堂，或气度恢宏，或朴实端庄，再加上村中的参天古木、民居墙头的青藤老树、庭中的百年牡丹，真可谓是步步入景，处处堪画，同时也反映了悠久历史所留下的广博深邃的文化底蕴。

山西大同云冈石窟

中国佛教石窟。位于山西省大同市城西 16 千米处的武州山（又称武州塞）南麓。与敦煌石窟、龙门石窟并为中国三大石窟。原称石窟寺，或北台石窟寺、恒安石窟。明代为防边患，在石窟旁设云冈堡，故近人调查时称为云冈石窟。

石窟依山开凿，东西绵延约 1 千米，现存主要洞窟 50 余个，小龛 1100 多个，造像 5.1 万余躯，按自然山势分为东、中、西三区。此处曾是北魏皇室和高僧经营的国家石窟大寺，始凿于北魏文成帝和平初年（460），延续至孝明帝正光末年（525）。唐、辽二代有个别雕凿和修理，辽兴宗、道宗时（1031～1100）修建了后接石窟、前为木结构窟檐的灵岩、崇福等 10 座大寺。金皇统三至六年（1143～1146）又重建灵岩大阁等建筑。明末寺院沦为灰烬。20 世纪初，云冈石窟重新引起世人注意。截至 1949 年，被盗和破坏的佛像达 1400 余躯。1961 年国务院公布云冈石窟为全国重点文物保护单位。2001 年作为文化遗产被列入《世界遗产名录》。

石窟的创建 从北魏道武帝天兴元年（398）至孝文帝太和十八年（494），云冈石窟所在地平城（今大同）作为北魏都城近百年之久。太延五年（439）北魏灭北凉，迁凉州吏民和僧徒于平城，形成以凉州禅僧为主导的佛教僧团，平城佛教得以迅速发展。凉州有开窟造像的传统，这为云冈石窟的开凿奠定了基础。道武帝时沙门统法果带头礼拜皇帝，称皇帝即当今如来，拜天子乃是礼佛，这使佛教受到北魏皇室重视，兴盛一时。北魏时佛、道有过激烈斗争，太武帝太平真君七年（446）下诏废佛。此次事件成为促成云冈石窟开凿的间接契机。兴安元年（452）文成帝即位，下令恢复佛法。和平初，召凉州禅僧昙曜为沙门统，奉以师礼。经昙曜倡议，于京城西武州塞开窟 5 所，从而开创了中原地区开凿石窟的

第 20 窟露天大佛（主尊释迦佛高 13.7 米，是云冈石窟的象征）

先例。此后开窟进入高潮，一直持续到太和十八年迁都洛阳时为止。武州塞地当旧都盛乐（今内蒙古和林格尔西北）与都城平城间往来的交通要冲，自明元帝始，这里便是北魏皇室行幸祈福之地。云冈石窟在此开凿，遂成为都城附近的佛教圣地。

开凿历史　云冈石窟的开凿大约经历了三个阶段。

第一阶段共开凿洞窟 5 个，即第 16 ～ 20 窟，俗称"昙曜五窟"。它们位居石窟群中部偏西，东西毗邻，规模宏大，开凿于和平初至和平五年。其中第 18 ～ 20 窟为一组，以第

19 窟为中心窟；第 16、17 窟为另一组。五窟均为大像窟，马蹄形平面，穹隆顶，模拟古代印度的草庐形式，洞窟前壁凿有高大的明窗。第 20 窟前壁早年坍塌，窟内造像成为露天大佛。各窟主尊均为过去、现在和未来三世佛，用以表现佛法的源远流长。正壁主像形体高大雄伟，高度为 14～17 米，占据窟内大部分空间，两侧佛像形体较小。5 尊主像被认为是"令如帝身"的模拟像，分别象征道武帝至文成帝 5 位皇帝。佛和菩萨均广额方颐，身体魁伟。佛身着通肩袈裟或袒右式袈裟，右肩覆偏衫衣角。菩萨戴高宝冠，胸佩项圈、短璎珞，戴臂钏，袒上身或斜披络腋，下着长裙。从造像服饰看，有衣纹厚重凸起、线条简洁的样式，也有衣纹单薄贴体的样式，表明同时受到犍陀罗造像和秣菟罗造像的影响。造像以外来佛像服饰的外观模拟本土帝王的容颜风貌，是一种新型的佛教造像。

第二阶段洞窟主要集中在中部（第 5～13 窟）和东部（第 1～3 窟），约开凿于北魏迁都洛阳前的孝文帝时期

第 5 窟后室主尊佛像及西立佛

（471～494）。此时洞窟数量急剧增多，除皇室外，官吏和上层僧尼也参与开凿。洞窟形制多样化，除马蹄形窟外，主要有中心柱窟、方形和横长方形窟及禅窟。成组的双窟和模拟汉式传统建筑的样式是这一阶段洞窟最显著的特点。这种洞窟继承了秦汉以来崖墓、藏书石室的开凿技术传统，是研究北魏佛寺建筑的重要实物资料。这一阶段洞窟雕刻日趋富丽，窟内雕像琳琅满目，雕刻手法精湛，技艺高超。洞窟壁面流行分层分段附榜题的汉式做法，上部一般雕天宫伎乐，下部有成排的世俗供养人礼佛行列，中部雕各种形式的龛像，如圆拱龛、屋形龛等，还雕刻连环画式的本生和佛传故事。窟顶大都雕成仿木式的平棊，平棊中心雕莲花，周围环绕伎乐飞天。有的窟顶雕成由巨龙缠绕的天幕样式。此时仍有大像，

第6窟维摩诘、文殊对坐说法像

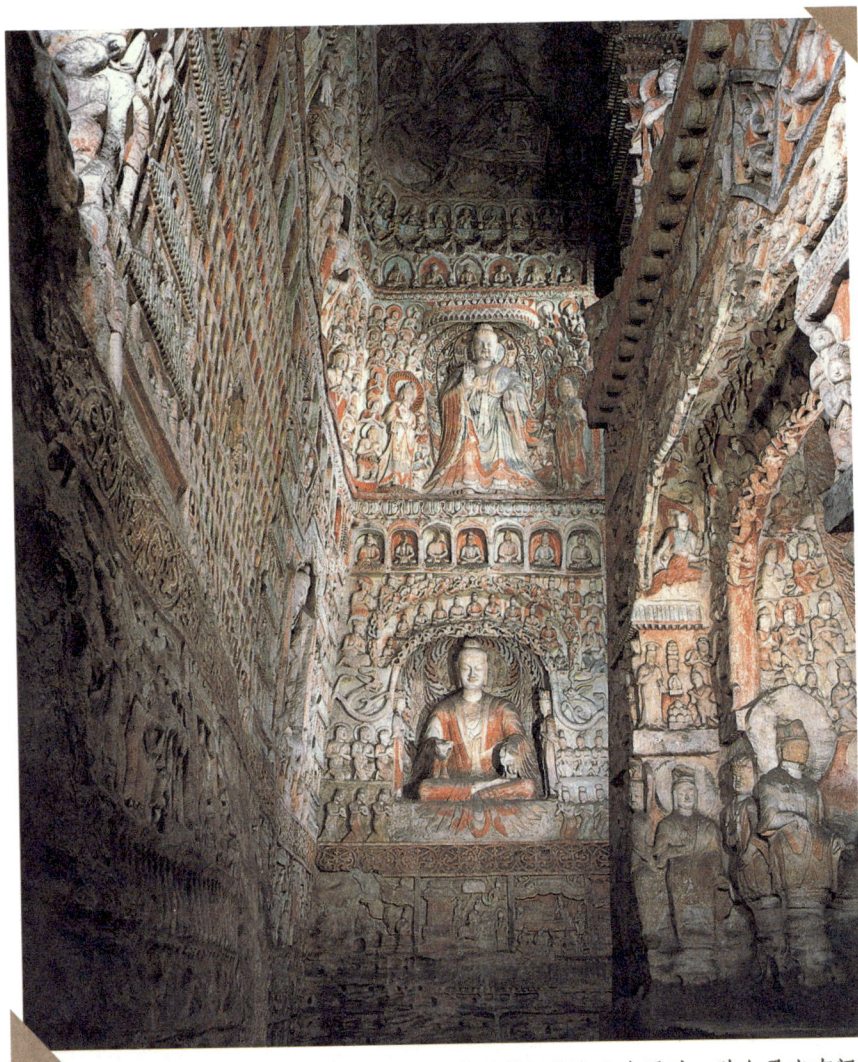

第6窟后室东壁佛传故事（此雕刻表现佛祖释迦当太子时，骑白马出南门遇见拄杖病人的情形）

第5窟释迦坐佛高达17米，气势非凡，是云冈最大的佛像。主像背后有隧道式礼拜道，可供信徒绕佛礼拜。

主尊题材流行三世佛、成组合的释迦和交脚弥勒菩萨，依据《法华经》雕出的释迦、多宝佛和依据《维摩诘经》雕出的维摩诘、文殊对坐说法像，以及修持"法华三昧观"所要求的本生、佛传浮雕和七佛、供养天人等。

第三阶段洞窟主要集中在西部，多为不成组的中小窟龛。开凿年代为北魏孝文帝迁都洛阳前后至北魏正光末年。洞窟形制有中心塔柱窟、椭圆形穹隆顶窟、方形或横长方形窟，新出现三壁三龛窟。窟口流行忍冬纹券面，窟顶一般雕刻平棊。造像题材流行三世佛、释迦、弥勒、释迦多宝和维摩文殊，本生、因缘和佛传故事也较常见。佛、菩萨、弟子、飞天等均面相清瘦，身体修长，为秀骨清像样式。佛多身着褒衣博带式袈裟，宽博的裙摆长覆于座前。菩萨披巾多交叉于腹部，或于腹部交叉穿环。飞天上身着对襟衫，下身着长裙。中小窟龛是本阶段开凿的主体。在现存铭记中，窟主身份最高不过将军、太守，更多的是无官职的信徒。这表明迁都洛阳前后崇佛风气在平城中下层民众中蔓延。此外，在延昌、正光年间的铭记中，已出现乞求托生西方净土世界的要求。

石窟的价值 云冈石窟开创了中原地区开窟造像的先例。洞窟规模宏伟、雕刻精致，成为各地竞相效仿的楷模，被誉为"云冈模式"，在中国石窟雕塑艺术史上占有无可替代的地位。它明显受到中亚、南亚、波斯和希腊艺术的影响，是古代中外文化交流的见证。1949 年以后，文物管理部门对石窟进行了保护、维修和发掘，对周边环境进行了综合治理。这里已成为旅游胜地和巡礼古代雕塑的艺术殿堂。

高句丽王城、王陵及贵族墓葬

中国辽宁省和吉林省的高句丽族遗迹。高句丽族很早就生活在浑江、富尔江、鸭绿江一带。公元前108年，汉武帝置玄菟郡，以高句丽地为县。公元前1世纪，朱蒙在辽宁桓仁一带建立高句丽政权。公元3年，琉璃明王伊夷模移都国内城（今吉林集安）。427年高句丽迁都平壤。清朝末年，集安的高句丽《好太王碑》为学界所知，引起重视。20世纪40年代，日本人在集安进行调查和挖掘。1949年后，中国的文物单位对各地的高句丽遗迹做了调查和发掘。2004年，高句丽王城、王陵及贵族墓葬作为文化遗产被列入《世界遗产名录》。

古城 有平原城和山城之分。早期多山城，其后常是下有平原城，旁侧山上设山城。山城中五女山山城年代较早，可能是早期的都城纥升骨城。此城位于桓仁东北7000米的五女山上，下临浑江。城

国内城北城墙局部

西凭峭壁，南、北、东依山势于凹伏处以板状石块垒筑城墙。南北长1000米，东西宽300米，南有城门，城内有建筑台基和水泉。平原城以国内城为代表。此城平面呈长方形，城墙以石砌筑，有瓮城、角楼和垛台。西有洞沟河，另外三面设壕沟。城内外都有建筑基址。为了防御，在城西北2.5千米处筑丸都山城，并在通往国内城的南道筑霸王朝山城和望坡岭关隘，北道筑关马墙山城，以拱卫都城。4世纪后，高句丽力量日益发展，相继在形势险要的水陆通衢处构筑大量山城。发现的遗址有盖州高丽城、辽阳燕州城、抚顺高尔山、凤城凤凰山、吉林市龙潭山等山城，都是因山势叠石成墙，或设有角楼、垛台、女墙，有的还筑外城，城内有建筑遗迹和池塘、水泉。5世纪，高句丽又占据辽东郡治襄平（今辽阳），改称辽东城。

墓葬 有石墓和土墓两类，多分布在浑江、富尔江、鸭

绿江一带，以桓仁、集安最为集中。积石墓流行于 3～5 世纪，封土墓与积石墓并行交叉出现，盛行于 6 世纪。桓仁墓群时代较早，均为积石墓。集安墓群时代较晚，先为积石墓，后为封土墓。积石墓以碎石、砾石、石条为封，大体是顺山谷或河流走向排列成行。王室、贵族的封土墓构制宏敞，坟垄高大，其中有不少精美的壁画。集安的壁画墓除一座为积石墓外均为封土墓，年代从 4 世纪中期至 7 世纪初。前期壁画以墓主人生活画为主，绘于涂白垩土的石壁上，如角抵墓。中期除墓主人生活画外，出现青龙、白虎、朱雀、玄武四神，以及反映佛教内容的莲花、佛像、飞天、菩萨。后期壁画直接绘于石壁上，以四神为主。壁画反映了高句丽的历史和文化，从内容和形式又能看到中原文化对高句丽的影响。在积石墓中出土战国西汉时期的铜钱。所出鼎、釜、甑、

斗等铜器，锸、
铧、镰、斧等铁
器，与汉魏时期
中原地区的形制
相同。鎏金器制
作精巧、纹饰华
美，金银器朴拙
中见纤巧，黄釉
陶器造型浑厚大方。

五盔坟 4 号墓藻井壁画

在集安墓群中，立有好太王碑，是长寿王于 414 年为其
父所立墓碑。

澳门历史城区

澳门历史城区是一片以澳门旧城区为核心的历史街区，
其间以相邻的广场和街道连接而成，包括妈阁庙前地、亚婆

井前地、岗顶前地、议事亭前地、大堂前地、板樟堂前地、耶稣会纪念广场、白鸽巢前地等多个广场空间，以及妈阁庙、港务局大楼、郑家大屋、圣老楞佐教堂、圣若瑟修院及圣堂、岗顶剧院、何东图书馆、圣奥斯定教堂、民政总署大楼、三街会馆（关帝庙）、仁慈堂大楼、大堂（主教座堂）、卢家大屋、玫瑰堂、大三巴牌坊、哪吒庙、旧城墙遗址、大炮台、圣安多尼教堂、东方基金会会址、基督教坟场、东望洋炮台（含东望洋灯塔及圣母雪地殿圣堂）等 20 多处历史建筑。澳门历史城区于 2005 年根据文化遗产遴选标准被列入《世界遗产名录》。

澳门历史城区保存了澳门 400 多年中西文化交流的历史精髓。它是中国境内现存年代最远、规模最大、保存最完整和最集中，以西式建筑为主、中西式建筑互相辉映的历史城区，是西方宗教文化在中国和远东地区传播历史重要的见证，更是 400 多年来中西文化交流互补、多元共存的结晶。

多元共存　和谐交融　16 世纪中叶，因应中外贸易的新形势，明朝政府划出澳门半岛西南部一片地段，供以葡萄牙人为主的外国商人居住和进行贸易，澳门由此发展成 19 世纪前中国主要的对外港口，也是亚洲地区重要的国际港口。贸易活动的兴盛吸引了世界各地的人前来，一个融合欧、亚、非、美四洲人民的"华洋杂居"的国际城市由此诞生。葡萄牙人将这个用城墙围起的城市命名为"天主圣名之城"，我们

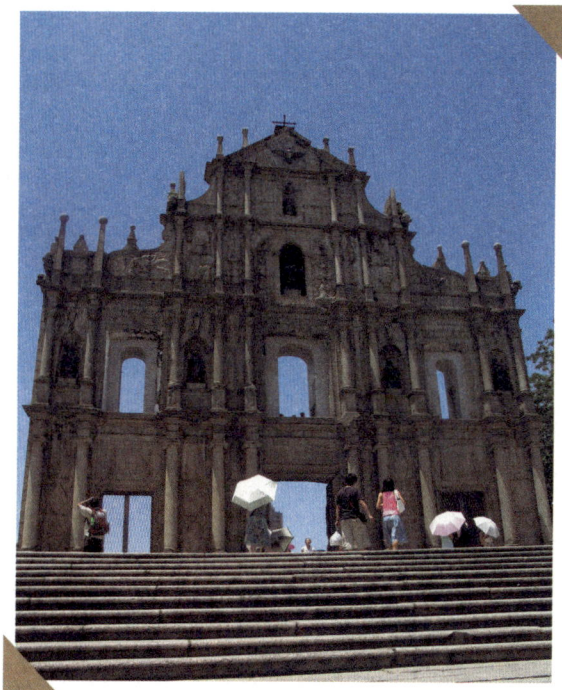

澳门大三巴牌坊

今天的澳门历史城区就是它的核心部分。

　　400 多年间，在这块城区内，世界各国的人们来澳生活。随着外国人的定居，他们把自己的建筑传统越洋带到澳门，使澳门成为近代西洋建筑传入中国的第一站。尤其是葡萄牙人在澳门的建筑物，无不显露出与葡萄牙本土建筑的密切关系。事实上，文艺复兴后的一些主要建筑形式、风格，结合亚洲其他地区不同的建筑元素在澳门产生了新的变体，形成独树一帜的建筑风格。

　　开创许多中国第一　明末清初，大量天主教传教士以澳门为传教基地，积极从事远东地区的传教工作，并由此创造出中西文化交流的辉煌篇章。这些传教士来自不同的修会，他们为中国带来了西方近代的科学技术及人文艺术，又向西方介绍了中国的文化成就。而作为基地的澳门，在各修会的努力建设下，开创了许多"中国第一"的事业，如中国第一所西式大学（圣保禄学院）、中国第一所西式医院（白马行医院）、中国第一所以西方金属制版和印刷拉丁文字的印刷厂（圣保禄学院附属印刷所）、中国第一份外文报纸《蜜蜂华报》等等。由耶稣会在澳门开办的圣保禄学院（现已不存）及圣若瑟修院，为天主教在远东和中国的传教事业培养了大量人才，同时也培养了大批中国籍的传教士，为中西文化交流做出卓越的贡献。

　　另一方面，澳门民间的妈祖崇拜，表现了澳门与中国闽

粤沿海居民妈祖信仰一脉相承的关系。但是，由于社会和历史环境的特殊性，澳门的妈阁庙在中国众多的妈祖庙中又别具特色。它既有中国以至海外妈祖崇拜传播和组织的典型特征，又因澳门是近代中国与西方接触最重要的商港，使妈阁庙成为最早向欧洲传播妈祖文化的地方。

在 400 多年的历史里，中国人与葡萄牙人在澳门历史城区内，合力营造了不同的生活社区。这些生活社区，除了展示澳门的中、西式建筑艺术特色外，更展现了中葡两国人民不同宗教、文化以至生活习惯的交融与尊重。这种中葡人民共同酝酿出来的温情、淳朴、包容的社区气息，是澳门最具特色、最有价值的地方。

江西庐山风景名胜区

中国风景游览区，避暑胜地。位于江西省九江市南，北近长江，东濒鄱阳湖。庐山系第三纪末或第四纪初受喜马拉雅运动影响，因断层作用使地块上升而形成的断块山，呈东北—西南走向，面积 300 多平方千米。相传殷周时，有匡氏兄弟结庐隐居于此，故又称"匡庐"或"匡山"。

主峰大汉阳峰，海拔 1473.4 米，高出鄱阳湖平原约 1400 米。属中亚热带湿润山地气候，以春温、夏凉、秋爽、冬寒为特点。森林荫郁，植被丰富。海拔 1167 米的牯牛岭，简称牯岭，为庐山著名的避暑胜地。当江南暮春季节，庐山却正当桃李始华之际；长江中、下游盛夏酷暑时期，庐山却温和如春。牯岭平均年降水量约 1800 毫米。雷暴较多，夏季平均雷暴日 39 天。庐山年平均雾日 191 天，3～5 月为多雾月，月平均雾日 20 天。庐山山体主要由砂岩构成，山势雄伟，加以降水丰富，故多瀑布，著名的有三叠泉、马尾泉、黄岩瀑布、玉帘泉、玉渊潭、双瀑等。三叠泉汇集五老峰和大月山的泉水，分三级飞泻，一级最大落差 60 米，气势极为雄伟。庐山多名胜古迹，主要有仙人洞、五老峰、含鄱口、三叠泉、大天池、香炉峰、文殊台、龙首崖、黄龙潭、庐林湖、白鹿洞书院、玉渊潭、乌龙潭、岳母墓、秀峰、周恩来纪念室等。庐山风景随季节变化，四季各有其胜。此外，在含鄱口北面山谷中有庐山植物园，为中国著名南北植物驯化基地。山麓于 1990 年建成九江珍稀濒危植物种质资源库。山北、山南修建有登山公路和大型登山缆车。山区特产有石耳、石鱼、石鸡、云雾茶；药用植物有厚朴、黄精、党参、乌头等。1981
年建立自然保护区。1996 年作为"世界文化景观"列入《世
界遗产名录》。庐山的地质遗迹丰富多彩，集元古宇地层、冰
蚀地貌、断块山构造地貌、流水地貌于一体。地质公园内发
育有距今 25 亿～18 亿年前下元古宇星子群剖面、地叠式断
块山及第四纪冰川遗迹。2004 年被联合国教科文组织批准成
为世界地质公园。

杭州西湖

杭州西湖是一个历史悠久、世界著名的风景游览胜地，古迹遍布，山水秀丽，景色宜人。西湖古称上湖、武林水、钱塘湖、西子湖，唐后始称西湖。位于浙江省杭州市市区西侧。原为小海湾，宝石山构成其北翼岬角，吴山为其南翼岬角。

西湖由自然山水、文物古迹、寺庙古塔、碑刻造像和新建公园绿地组合而成。有湖不广，平静如镜；山多不高，绵亘蜿蜒；湖山依傍，自然尺度协调，显得妩媚多姿。"三面云山一面城"，是西湖的特点。

西湖园林建设既突出了西湖风景的独特性，又注意了与地方特色相协调的整体性。因此，所有新建和扩建的园林都用大体量的乔灌木丛组成大小不同、疏落有致的空间，重视配置艺术，选择色彩丰富的树木花草作为园林的主景；亭、台、廊、榭等建筑物以及掇山、园林理水，只作为景区的点缀。其体型、姿态、色彩与妩媚、恬淡、宁静的西湖自然景观和宽阔的湖面融成一体，使人工美与自然美有机地结合起来，不仅防止追奇猎古、曲折封闭的气氛，也避免建造林立的大厦和体型庞大的建筑物，取得了明朗、宽广、自然、园内园外浑然一体的效果。

白堤和苏堤将湖面分割成几部分：二堤之间的广大湖面称西湖，白堤和孤山以北湖面称北里湖，苏堤以西的湖面称西里湖，玉带桥以北到岳坟沿岸称岳湖，花港公园以南称小南湖。西湖平均水深 1.5 ～ 1.8 米，流域面积约 21 平方千米。有金沙涧、友泓涧、赤山泉和长桥溪等注入西湖。调节水位

西湖白堤远眺

曲院风荷

的出水口有：湖东侧的涌金闸，经浣纱路地下管道泄水入城河；湖东北隅的圣塘闸，泄水入运河，使西湖无旱涝之虞，四时充满碧水。在以西湖为中心的园林风景区内，主要风景名胜有 40 多处，重点文物古迹 30 余处。西湖的景色随四季、朝暮、晴雨而不同，变幻莫测，各有风姿。登上葛岭的初阳台、孤山的日照阁及吴山、玉皇山等处，举目眺望，西湖全景尽收眼底。

西湖有很多的古迹。东汉的《三老讳字忌日碑》，五代至宋元的飞来峰摩崖石刻，烟霞洞的造像，文庙的石经，东晋时的灵隐古刹，北宋的六和塔、保俶塔、雷峰塔，南宋的岳飞墓和岳王庙，清乾隆时珍藏《四库全书》的文澜阁，清光绪时创立研究金石篆刻的西泠印社等，都是中华民族的文化瑰宝。

西湖历来是人文荟萃之地。唐宋杰出诗人白居易、苏轼先后在杭任职时"募民开湖"，兴修水利，并留下许多吟咏西湖的名篇；南宋画家马远、陈清波曾作"西湖十景"的画卷，清康熙帝、乾隆帝为十景题字立碑。近代民主革命先驱秋瑾和现代文豪鲁迅的雕像均屹立在西子湖畔。

西湖的自然景色四时不同。西湖十景，楼、台、亭、榭同湖光山色相互辉映。春天，"苏堤春晓""柳浪闻莺""花港观鱼"，春花吐艳，彼伏此起；夏日，"曲院风荷"，荷花映日，湖面新绿一片；秋季，三秋桂子，香飘云外；冬来，"断桥残雪"，银装玉琢，放鹤亭畔，寒梅斗雪。薄暮，"雷峰夕照"；黄昏，"南屏晚钟"；夜晚，"三潭印月"和"平湖秋月"。远眺，"双峰插云"。"西湖十景"展现了西湖朝暮晴雨、春花秋月的自然景色。白居易诗："湖山春来如画图，乱峰围绕水平铺。松排山面千重翠，月点波心一颗珠。"苏轼诗："水光潋滟晴方好，山色空蒙雨亦奇。欲把西湖比西子，淡妆浓抹总相宜。"这些诗篇，就是对西湖风光的真实写照。

元上都遗址

上都，中国元朝的夏都。遗址在今内蒙古自治区正蓝旗东 20 千米闪电河北岸。

上都地区是皇帝避暑的地方。每年四月，元朝皇帝便去上都避暑。八九月秋凉返回大都。皇帝在上都期间，政府诸司都分司相从，以处理重要政务。皇帝除在这里狩猎行乐外，蒙古诸王贵族的朝会（忽里台）和传统的祭祀活动都在这里举行。

上都是一座具有汉式宫殿楼阁和草原毡帐风格的都城。其景物风习，在元朝文士的吟咏中多

上都城墙遗址

有记叙。西方人马可·波罗、拉施都丁也有描述。上都与大都之间有四条驿道相通，往北又可以循帖里干驿道交通漠北。朝廷设上都留守司兼本路都总管府，掌领宫阙都城，兼领城区及所属州县民事，皇帝返还大都后，并领上都诸仓库之事。

上都城内宫殿遗址

上都城墙遗址

元末农民大起义中，红巾军分道北伐，中路关先生、破头潘部在至正十八年（1358）十二月攻破上都城，焚毁宫阙。明初，朝廷建立了开平卫，宣宗时南徙独石，此城被废弃。

上都城遗址迄今仍存，为全国重点文物保护单位。城墙基本完好，城内外建筑遗迹和街道布局尚依稀可见。从现存遗址结合文献记载看，上都皇城在全城的东南，城墙夯土外砌砖石，东西各两门，南北各一门，每面墙长1400米。皇城正中偏北是宫城，东北角是华严寺，西北角是乾元寺，东南和西南两角亦各有一座庙宇。宫城城墙夯土外包以青砖，东西宽 500 余米，南北长 600 余米，东、西、南三面有门。城内宫殿建筑各自成群，互不对称，有泉池穿涌其间，园林特色十分明显。皇城、宫城四角均设角楼。外城全系黄色夯土，东墙和南墙都由皇城的东墙、南墙接出。外城西北两面各长 2000 余米，东南两面至皇城东北、西南两角各长 800 米。外城北开两门，南开一门。西面原有两门，元代后期毁一存一。外城南部为一般建筑区。北部地势较高，自成一区，是当时养花木禽兽供统治者玩赏的御园。东、西、南三郊各有长 600 米到 1000 米的街道，与城门相连，组成了很大的关厢区。北郊则有很多寺庙、宫观等建筑。

云南红河哈尼梯田

云南红河哈尼梯田是我国首个以民族命名的世界文化遗产，也是中国唯一一处以农耕文明为特点的文化遗产。云南红河哈尼梯田于 2013 年列入《世界遗产名录》。

梯田农耕是哈尼族千百年来为生存而创造的人间奇观，高山、河流、森林、梯田的景色美不胜收，令人向往。哈尼梯田已有 1300 多年的历史。哈尼人的祖先利用自然的力量开垦出层层梯田。在唐代，梯田开垦已达相当规模。《农政全书》中将哈尼梯田列为中国农耕史上的七大田制之一。哈尼梯田有 100 余万亩，红河哀牢山南段的元阳、红河、绿春、金平 4 县是哈尼梯田最集中的地区。这些地区的梯田规模宏大，景观壮丽，民族传统文化保存得最为完整。红河哈尼梯田元阳核心片区有梯田 19 万亩，其中集中连片的达 1 万多亩，从山脚到山顶级数最高达 3700 多级。其中梯田景观最壮丽的是箐口梯田、坝达梯田、多依树梯田、老虎嘴梯田等。

云南元阳梯田

第二章

世界自然遗产

湖南武陵源风景名胜区

武陵源风景名胜区位于中国中部湖南省西北部，由张家界市的张家界森林公园、索溪峪自然保护区、天子山自然保护区和杨家界自然保护区组成。武陵源，史书上称为"禹甸之灵境""赤县之奥区"。

武陵源风景名胜区地处武陵山间，砂岩峰林和石灰岩溶地貌典型；植被垂直分异明显，生物种类繁多，保存着成片原始次生林，设有自然保护区。1979年后，张家界、索溪峪、天子山先后开发为国家级重点风景名胜区。1988年正式命名为武陵源风景名胜区，1992年被列入《世界遗产名录》。该区与张家界城区、慈利县城、桑植县均有公路相通。

武陵源风景名胜区是 20 世纪 80 年代初新发现的山水名胜。这里的风景没有经过任何的人工雕凿，到处是石柱石峰、断崖绝壁、古树名木、云气烟雾、流泉飞瀑、珍禽异兽。置身其间，犹如到了一个神奇的世界和趣味天成的艺术山水长廊。

武陵源独特的石英砂岩峰林在国内外均属罕见，在遗产地内有山峰 3000 多座。这些突兀的岩壁峰石，连绵万顷，层峦叠嶂。每当雨过天晴或阴雨连绵天气，山谷中生出的云雾缭绕在层峦叠嶂之间，云海时浓时淡，石峰若隐若现，景象变幻万千。

武陵源水绕山转，据称仅张家界就有"秀水八百"，众多的瀑、泉、溪、潭、湖各呈其妙。金鞭溪是一条十几千米长

张家界国家森林公园一隅

的溪流，从张家界沿溪一直可以走到索溪峪，两岸峡谷对峙，山水倒映溪间，别具风味。

武陵源的溶洞数量多、规模大，极富特色，其中最为著名的是索溪峪的"黄龙洞"。黄龙洞全长 7.5 千米，洞内分为 4 层，景观奇异，是武陵源最为著名的游览胜地之一。

张家界国家森林公园是中国森林生态系统综合自然保护区，1982 年建立，是国家批准建立的中国第一个国家森林公园。位于湖南省张家界市武陵源区，张家界、天子山、索溪峪毗连地域。面积 4800 多公顷。属于森林生态保护类型，主要保护对象是森林生态系统和砂岩峰林地貌。

云南三江并流

1988 年 8 月建立的中国最大的国家重点风景名胜区。2003 年 7 月被联合国教科文组织列入《世界遗产名录》。横跨云南省的丽江市、迪庆藏族自治州、怒江傈僳族自治州等。

三江并流国家公园大门

由 8 大区构成，面积 170 万公顷。

区域内怒江（萨尔温江上游）、澜沧江（湄公河上游）、金沙江（长江上游）3 条大江在此并行而流，形成世界唯一的"江水并流而不交汇"的奇特景观，故称三江并流。其中怒江与澜沧江最短直线距离 18.6 千米，澜沧江与金沙江最短直线距离 66.3 千米。从海拔 700 多米的怒江河谷到 6740 米的卡瓦格博峰，高差近 6000 米。三条大江从横断山区的担当力卡山、高黎贡山、怒山和云岭等之间流过，留下雪山、峡谷、草甸、冰川、湖泊、森林、丹霞地貌及典型的高山峡谷等自然景观。

在地质上，该地区为青藏高原的东南延伸部分，横断山脉的主体，是世界上挤压最紧、压缩最窄的巨型复合造山带，是反映最近 5000 万年印澳板块和欧亚板块碰撞相关联的地球演化重大事件，如特提斯演化、喜马拉雅山和青藏高原隆升

长江第一弯

等的关键地区。强烈的地壳变形和抬升形成了特殊的地质构
造，包括密集的深大断裂和多期的岩浆、变质作用。该地区
完整地保存了从元古宙以来的地质演化痕迹。区域内雪山林
立，冰峰汇聚，海拔在 5000 米以上的山峰 100 多座，主要有
梅里雪山、白茫雪山、哈巴雪山、碧落雪山、甲午雪山、察
里雪山等。与雪山相伴的是众多的山岳冰川及分布于残余高
原和冰川谷地内的大大小小的冰蚀湖 400 多个，形成高山冰
蚀湖群，留有大量的冰碛、冰蚀地貌，是第四纪山岳冰川和
现代山岳冰川地貌的展示区、低纬度山岳冰川的集中分布区。
在距丽江古城 140 余千米的老君山，黎明丹霞地貌（红紫色
砂岩）成为世界上海拔最高、面积最大、发育最完整的丹霞

地貌区之一。

三江并流区囊括了亚热带、温带及高山苔原等多种气候类型，构成了显著的立体气候，是地球最直观的体温表和中国珍稀濒危动植物的避难所。该地区也是南北交错、东西汇合、地理成分复杂、特有成分突出的横断山区生物区系的典型代表和核心地带，是中国生物多样性最丰富的地区，名列中国生物多样性保护 17 个关键地区的第 1 位，是北半球生物景观的缩影，世界级的物种基因库。区域内有 10 个植被型，23 个植被亚型，90 余个群系。其中高等植物 200 余科，1200 余属，6000 种以上，包括 30 余种国家级保护植物。以不到 0.4 % 的国土面积，容纳了中国 20 % 的高等植物。有哺乳动物 173 种，鸟类 417 种，爬行类 59 种，两栖类 36 种，淡水鱼 76 种，凤蝶类昆虫 31 种，占中国动

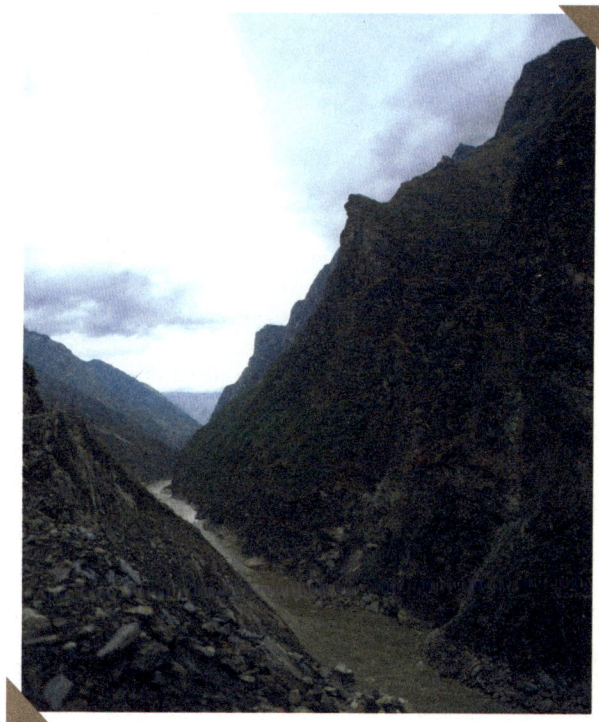

虎跳峡

物种数总数的25％以上。拥有第四纪冰期之前的众多孑遗物种和珍稀濒危物种。有"一山有四季,十里不同天,万物在一山"之说。

三江并流区除包括虎跳峡、怒江大峡谷、梅里雪山、泸沽湖、碧塔海、玉龙雪山等海内外闻名的10余处自然奇观外,还孕育了丰富的人文景观。这里居住着汉、藏、纳西、傈僳、白、独龙、普米、怒等民族,80余万原住民,是世界上罕见的多民族、多文字、多语言、多种宗教信仰、多种生产生活方式、多种风俗习惯并存的汇聚区,受到国内外人文学界的高度重视。

四川大熊猫栖息地

"四川大熊猫栖息地"位于成都平原与青藏高原之间的邛崃山脉,覆盖7个自然保护区和9个风景名胜区,包括卧龙、四姑娘山、夹金山脉,面积9245平方千米,涵盖成都、阿坝、雅安、甘孜4个市州的12个县或县级市。因其在保护大熊猫中的重要地位而闻名。

现代大熊猫属残存分布的濒危物种，其数量稀少，只有几十个互不相连的斑点状分布区，而且每逢栖息地竹类因自然开花而大面积枯死时，都有大熊猫死亡，分布点也随之减少。为救大熊猫，延缓其自然衰亡进程，中国将大熊猫列为国家一级重点保护动物，从1965年以来，先后在四川省平武、南坪、青川、北川、汶川、宝兴、马边、美姑，甘肃省文县和武都，陕西省佛坪等县建立了十几个以大熊猫为主的自然保护区。后来还在卧龙和白水江两个自然保护区中建立了大熊猫保护和研究基地。在人工饲养条件下繁殖大熊猫是

云雾缭绕的卧龙自然保护区

延续其种系的又一重要途径。

"四川大熊猫栖息地"已于 2006 年正式列入《世界遗产名录》，其保护价值得到了世界的认可。大熊猫作为中国的国宝，是备受全世界关注和珍爱的动物，也是世界野生动物保护的旗帜和标志。这里保存了全世界 30% 以上的野生大熊猫，是全世界最大最完整的大熊猫栖息地，是全世界大熊猫种群分布的主体，是全世界温带区域中植物物种最丰富的区域。"四川大熊猫栖息地"不仅是地球历史与地质特征研究的典型区域，是陆地生态系统和生物过程研究的重点区域，也是自然景观和美学景观集中的区域，是生物多样性与濒危物种栖息地的全球性典型代表。

江西三清山

中国江西三清山风景名胜区是世界自然遗产地、国家重点风景名胜区、国家 4A 级旅游区、国家自然遗产、国家地质公园、全国爱国主义教育示范基地和全国文明风景旅游区示范点。三清山，位于江西省上饶市东北部，因玉京、玉虚、玉华三峰峻拔，宛如道教玉清、上清、太清三位最高尊神列坐山巅而得名。2008 年被列入《世界遗产名录》。

景区总面积 756.6 平方千米，主峰玉京峰海拔 1819.9 米。14 亿年的地质演化形成了三清山独特的景观，不同成因的花岗岩微地貌密集分布，展示了世界上已知花岗岩地貌中分布最密集、形态最多样的峰林；2300 余种高等植物、1700 余种野生动物，构成了东亚最具生物多样性的环境；1600 余年的道教历史孕育了丰厚的道教文化内涵，按八卦布局的三清宫古建筑群，被国务院文物考证专家组评价为"中国古代道教

江西上饶三清山花岗岩峰林景观

建筑的露天博物馆"。美国国家公园基金会主席保罗先生慕名来到三清山后，惊叹道："三清山是世界上为数极少的精品之一，是全人类的瑰宝"；《中国国家地理》杂志推选其为"中国最美的五大峰林"之一；中美地质学家一致认为三清山是"西太平洋边缘最美丽的花岗岩"。

三清山山体南北长约12千米，东西宽约6千米，平面呈荷叶形，由东南向西北倾斜。由于处在造山运动频繁而剧烈的地带，因此三清山断层密布，节理发育，山体不断抬升，又经长期风化侵蚀和重力的崩解作用，形成奇峰耸天、幽谷千仞的山岳绝景奇观。三清山东险、西奇、北秀、南绝，美在古朴自然，奇在形神兼备，仙灵众相，惟妙惟肖，遨游于清虚之境，出没于云雾之中，古为道家福地洞天。山上奇峰怪石不可胜数，云雾宝光叹为观止，珍树仙葩世所罕见，灵泉飞瀑与丹井玉液媲美，幽谷溶洞为腾蛟起凤、卧虎藏龙之所。历代宫观建筑与雄险奇秀的自然景观融为一体，异彩纷呈，钟灵毓秀，故有"天下第一仙峰，世上无双福地"之誉。

中国丹霞

"中国丹霞"项目是中国把全面展示丹霞地貌形成演化过程的 6 个丹霞地貌风景区"捆绑"申报自然遗产，包含的 6 个申报点分别是福建泰宁、广东丹霞山、湖南崀山、江西龙虎山（包括龟峰）、浙江江郎山、贵州赤水。2010 年被列入《世界遗产名录》。

福建泰宁 中国福建省三明市辖县。位于省境西北部武夷山脉中段东南侧、杉岭山脉之阳，故别称杉阳。山地多丹霞岩洞，2005 年被联合国教科文组织评为世界地质公园，即泰宁世界地质公园。泰宁丹霞作为中国亚热带湿润区青年期丹霞的代表，一直被国内外地学界称为"中国丹霞故事开始的地方"。

广东丹霞山 中国广东省四大名山之一。与罗浮山、西樵山、鼎湖山齐名。位于仁化县南 8 千米，主峰巴寨，海拔

丹霞山

619.2 米。由水平状厚层红色砂、砾岩构成。丹霞地貌的代表。因岩层呈块状结构和多易透水的垂直节理，经流水向下侵蚀和重力崩塌作用，形成陡峭的方山群状起伏的崎岖地形。2004 年被联合国教科文组织评为世界地质公园。丹霞山"色渥如丹，灿若明霞"，风景优美，到处可见赤紫色的悬崖峭壁、岩洞、峰林、石柱等自然奇观，并有多处游览胜景。山下滇水依山而过，水清见底，河中多五彩斑斓的锦石。近山顶的缓坡保存有大面积较原始的次生林。主峰四周有玉女拦江、蜡烛峰、望夫石、阳元石等奇观。丹霞山已辟为旅游风景区。

湖南崀山 崀山风景名胜区位于湖南省新宁县境内，包括天一巷、辣椒峰、夫夷江、八角寨、紫霞峒、天生桥六大景区，以及 18 处风景小区，已发现和命名的重要景点有 500 余处。风景区有三大溶洞和一个原始森林，总面积 100 多平方千米，属典型的丹霞地貌，是难得的环保型山水自然风景区。2000 年由国家体育总局定为国家攀岩训练基地，2001 年 10 月由国土资源部审定为国家地质公园，2002 年 5 月由国务院审定为国家重点风景名胜区。

江西龙虎山 在江西鹰潭市西南，由龙虎二山组成。清代顾祖禹所著《读史方舆纪要》称，两峰相峙，如龙昂虎踞，故名。《贵溪县志》则谓张陵居此炼龙虎大丹，因有青龙白虎绕其上而得名。为张陵子孙世居之地。道教称第三十二福地。其祀神之所为上清宫，居家之处在上清镇"嗣汉天师府"。又

龙虎山风景

有正一观，亦名演法观，建于南唐保大年间。真应观建于南宋嘉熙年间。乾元观、崇禧观、玉清观、冲玄观、先天观、佑圣观、繁禧观等均建于元代。山有壁鲁洞，号曰驻仙岩，传为张陵得异书处。

龙虎山所在的信江盆地，经历了早白垩世火山活动、晚白垩世膏盐沉积和风沙堆积及恐龙灾变等重大地质事件，记录了该地区白垩纪重要地质演化；突出的侵蚀残余峰丛、峰林、孤峰、残丘组合特征，表明这里属于老年早期疏散峰林宽谷型丹霞。区内保留了难得的低海拔中亚热带常绿阔叶林，是珍稀濒危物种重要的栖息地；悬崖洞窟中众多的古代悬棺群，以及中国道教祖庭等文化景观的巧妙结合，构成一幅多彩多姿的山水画卷。

浙江江郎山 江郎山位于浙江省衢州市江山市江郎乡境内。江郎山景区由三爿石、十八曲、塔山、牛鼻峰、须女湖（青龙湖）和仙居寺等部分组成，面积约 11 平方千米，景源类型以自然景观为主，同时也有丰富的人文景观。江郎山景区为国家级重点风景名胜区和国家级 4A 级景区。江郎山属典型丹霞地貌，被专家誉为"神州丹霞第一奇峰"。

贵州赤水 贵州赤水以侏罗纪、白垩纪出露地层中 1000 多平方千米的丹霞地貌著称于世。赤水丹霞地貌，以其艳丽鲜红的丹霞赤壁、拔地而起的孤峰窄脊、仪态万千的奇山异石、巨大的岩廊洞穴和优美的丹霞峡谷与绿色森林、飞瀑流

泉相映成趣，形成很高的旅游观赏价值，令游人倾倒。在赤水，最为独特、最受游人称誉的丹霞景观有金沙沟赤壁神州、香溪湖万年灵芝、四洞沟渡仙桥、丙安天生桥、天台山红岩绝壁、石鼎山奇观、复兴转石奇观、长嵌沟丹霞峡谷、十洞丹霞岩穴、金沙沟甘沟峡谷和硝岩洞穴等十多处。

澄江帽天山化石群

寒武纪早期（5.3亿年前）生活于中国云南澄江、昆明一带的海洋动物化石群落。化石产于下寒武统黑林铺组（以前称筇竹寺组）玉案山段古莱得利基虫三叶虫化石带的下部地层内。

澄江动物群因首先发现于云南省澄江县而得名，且广泛分布于昆明市及其周边地区，如安宁市、武定市、马龙县、宜良县及昆明市的海口等地的相关地层中。重要化石点多位于云南滇池和抚仙湖两大湖泊旁。

分类位置不定的动物云南虫化石，虫长3.6厘米

澄江动物群于1984年首次发现于澄江帽天山，被国际科学界称为"20世纪最惊人的发现之一"。在澄江动物群中，不仅具硬体骨骼的动物构造特征保存完整，而且仅仅由软体组织构成的动物和具硬体骨骼动物的软体部分也奇迹般地保存完好，生动如实地再现了寒武纪大爆发时期海洋生命壮丽景观和现生动物类群的原始特征，为研究地球早期生命起源、演化、生态等理论提供了珍贵证据。

在此之前，1909年发现的加拿大中寒武世的布尔吉斯页岩动物群代表着"寒武纪大爆发"的最古老的动物群。澄江动物群出现在早寒武世的早期，比布尔吉斯页岩动物群古老1000万年。

澄江动物群所提供的证据表明，现代各个动物门类的产生不是从"低等到高等、从简单到复杂"经过漫长的时间逐步演化而来的，而是在一个极短的时间内几乎同时出现。现今各个动物门类的基本形

澄江动物群生态群落图

态特征在寒武纪大爆发时期就已经确立，并一直持续到现在。当然，比澄江动物群古老的小壳化石、遗迹化石无不指示动物的存在，但人们并不清楚它们所代表的动物的真实面貌。澄江动物群的发现为人类窥视地球最古老的生命打开一个明亮的窗口，使科学界重新思考"寒武纪大爆发"、重新思考现代动物门类起源和演化等重大理论问题。

澄江动物群中各类动物大都处于非常原始的状态。通过澄江化石的研究，不仅能够了解各种动物门类的原始特征，揭示动物门内的各种动物之间系统演化关系，而且能够修正某些同类动物由于化石保存的缺陷而导致原先研究的错误。澄江动物群还为人们如实提供了一幅完整的古老海洋生态群落图。

澄江生物群除了常规化石中能保存的硬件骨骼外，澄江生物群保存了大量动物软躯体结构和解剖细节，不少标本中

可以观察到清晰的消化系统、心脑血管系统和神经系统。澄江生物群包含从最简单的海面动物到最复杂的脊椎动物在内几乎所有现生动物门类，以及一些灭绝了难以归入已知门类的物种。

由于澄江动物群的重大科学价值，澄江动物群化石首次发现的原产地——澄江县帽天山地区已于 2000 年被批准为"国家地质公园"。2012 年，澄江动物群被列入联合国教科文组织《世界遗产名录》。

新疆天山

亚洲内陆中部的山系。世界干旱区域的多雨山地之一。横贯中国新疆维吾尔自治区中部，西端伸入哈萨克斯坦和吉尔吉斯斯坦。全长 2500 千米。其中在中国境内，东起哈密市东，西到乌恰县西北，东西长约 1760 千米；南北约跨 5 个纬度（北纬 40°31′～45°23′），宽 250～350 千米。面积约 41

万平方千米。山地耸立于准噶尔盆地与塔里木盆地之间，海拔多在4000米以上。位于西段的托木尔峰是天山山脉的最高峰，海拔7443米；东段的高峰是博格达峰，海拔5445米。新疆天山具有生态和美学价值，于2013年被列入《世界遗产名录》。

地质与地貌 在地质历史上，天山地槽形成于震旦纪晚期。经加里东运动特别是华力西运动，地槽发生全面性回返，褶皱隆起形成古天山山地。构成山地的主要岩石是古生代变质岩和火山碎屑岩及华力西期的侵入岩等。中生代至古近纪末，古天山被剥蚀夷平成为准平原。新近纪，特别是上新世以后，准平原发生断块抬升，形成多级山地夷平面，后经冰川与流水交替作用，成为现代天山。山脉由一系列大致平行的北天山、中天山和南天山组成，山体之间夹有许多宽谷与盆地。是中国重要的地震带区。1600～1979年，新疆500多次4.6级以上地震，有50%以上发生在这一地区。

天山山地现代地貌过程从山顶到山麓，依次可分为：①常年积雪和现代冰川作用带。位于海拔3800～4200米以上的冰雪覆盖的极高山带。据统计，天山拥有现代冰川近7000条，面积1万平方千米。②霜冻作用带。位于海拔2600～2700米以上的山区，堆积了大量古代冰川沉积物，并保留了多种冰川侵蚀地形。③流水侵蚀、堆积带。位于海拔1500～2700米（或2800米），河网密布，河谷阶地发育。

④干旱剥蚀低山带。位于海拔 1300～1500 米以下，年降水量 200～400 毫米，南坡位于海拔 1700～2000 米以下，年降水量 100～150 毫米。外营力以干燥剥蚀作用为主，南坡尤盛。

气候与水文　山地气候，一年中明显分成冷、暖两季。冷季天气多晴朗，3000 米以下的山地、盆地和谷地积雪深厚，且多雾霜；暖季（夏季）海拔 3000 米以上多雨雪，3000 米以下气候凉爽。各地湿度差别受高程控制。

天山山地的年降水量，同一山坡自西到东逐渐减少；山地迎风坡（北坡）多于背风坡（南坡）；山地内部盆地或谷地少于外围山地。天山北坡的平均年降水量多在 500 毫米以上，是中国干旱区中的湿岛。其中以西段的中山森林带最多。海拔接近海平面的托克逊年降水量最少，只有 6.9 毫米。降水季节变化很大，最大降水集中在 5～6 月，以 2 月最少。

天山山地为新疆不少大河的源头，如伊犁河、塔里木河等。在不到 20 万平方千米的山地径流形成区内，有大小河川 200 多条，年总径流量为 436 亿立方米，占新疆河川径流总量的 52%。引水灌溉遍及新疆 57 个市、县的绿洲农田。按各河出山口以上的集水面积计，年平均径流深 271 毫米。河流年径流变差系数一般为 0.1～0.2，变化相对稳定。天山山地为中国年径流变差系数最小的地区之一。

经济概况 天山山地气候湿润，水源充足。山地中森林面积约占全新疆森林面积的 50%，草场面积约占全新疆草场面积的 47%。此外，天山矿产种类繁多，新疆的工矿区亦多分布于天山南北。已建成独（山子）—库（车）、伊（宁）—若（羌）、乌鲁木齐—巴仑台—库尔勒等多条公路。

第三章

世界文化与自然双重遗产

山东泰山

中国五岳之首——东岳。与陕西华山、湖南衡山、山西恒山和河南嵩山合称五岳。1987年被联合国教科文组织列入《世界遗产名录》。2006年被联合国教科文组织评为世界地质公园。古名"岱宗""岱山",春秋时始称泰山。位于山东省中部,盘亘于泰安、济南之间,面积426平方千米。主峰天柱峰位于泰安城北,玉皇顶海拔1500多米,是山东省最高峰。

太古宇因受来自西南和东北两方面的挤压力褶皱隆起,经深度变质而形成中国最古老的地层——泰山群;后因地壳变动，被多组断裂分割，形成块状山体。现每年以0.5毫米的速度继续增高。泰山山势雄伟，巍峨险峻，群峰争奇，丘壑林泉，飞瀑松涛，誉为中国“五岳之宗”。风景四季晴雨各异，山分丽（山麓）、幽（登山东路）、妙（山顶）、奥（后石坞一带）和旷（登山西路）五个游览区。泰山拥有宏伟的古代建筑，悠久的文化遗迹，秀丽的自然景色和众多的名胜古迹，如泉水甘洌的王母池、古柏参天的柏洞、气势磅礴的中天门、瀑布飞悬的云步桥、招臂迎客的望人松、松生绝壁的对松山、犹如云梯的十八盘、耸入云端的南天门、怪石嶙峋的后石坞及白练高悬的黑龙潭瀑布等；山顶观景有“旭日东升”“云海玉盘”“黄河金带”和“晚霞夕照”四大奇观。泰山古代为封建帝王举行封禅大典和祭祀天地场所，建有行宫庙宇、楼阁殿庵多处，如岱庙、碧霞元君祠、普照寺等均系风格独具、自

泰山十八盘

泰山岱庙牌坊

成体系的古建筑群。泰山碑刻石雕甚多，"秦二世泰山石刻"、汉石表、经石峪北齐人刻的"金刚般若波罗蜜经"、唐玄宗"纪泰山铭碑"摩崖石刻等。建有国家森林公园，每年大量候鸟来泰山繁衍栖息。泰山南麓盛产麦饭石。有公路和索道通山上。

　　由于泰山把文化与自然独特地结合在一起，1987年被联合国教科文组织正式接纳为世界文化与自然双重遗产，这是中国众多世界遗产中第一个被接纳为世界文化与自然双重遗产的地方。

安徽黄山

中国名山，风景旅游区，避暑胜地。1990 年被联合国教科文组织列入《世界遗产名录》。2004 年被联合国教科文组织评为世界地质公园。位于安徽省南部、黄山山脉中段，面积约 1200 平方千米，其中有 154 平方千米划为风景区。秦称黟山，唐天宝六载（747）改名黄山，别称"黄岳"。自然风景优美，明代地理学家、旅行家徐霞客曾有"五岳归来不看山，黄山归来不看岳"之赞。

黄山系江南丘陵的组成部分，沿东北—西南方向

黄山云海

延伸。山体主要由燕山期花岗岩构成，垂直节理发育，侵蚀切割强烈，多悬崖峭壁和深谷，形成石柱、石笋等独特的黄山花岗岩峰林地貌。山顶覆盖古老的砂岩、页岩，经风化剥蚀作用而呈奇峰怪石，多姿多彩。区内有已命名山峰 72 座，其中莲花峰、天都峰、光明顶为黄山三大主峰。莲花峰海拔 1864.8 米，为安徽省最高点。黄山自然风景兼有泰山之雄伟，华山之峻峭，衡山之烟云，庐山之飞瀑，峨眉山之清凉，并以山石、青松、云海、温泉为"黄山四绝"；黄山飞泉、瀑布很多，尤以九龙瀑、百丈瀑、人字瀑等著名。九龙瀑为黄山最壮丽的瀑布，位于罗汉峰与香炉峰之间，因上下计九叠故名。人字瀑在紫云、朱砂两峰之间，分左右两路走壁下泻，因其形似"人"字故名。此外，有 2 湖、16 泉、24 溪等胜景。山上盛夏平均气温仅 18℃ 左右，山下温泉水温 42℃ 左右，宜避暑、疗养。黄山素有华东植物宝库和天然植物园之称，植被覆盖率达 93%，有高等植物 1805 种，是华东植物荟萃之地，尤以产黄山松和名茶"黄山毛峰"、名药"灵芝草"驰名

中外。主要珍禽异兽有白颈长尾雉（山鸡）、猕猴（黄猴）、短尾猴（青猴）、梅花鹿、野山羊、麋鹿（四不像）、豹、八音鸟、白鹇鸟、相思鸟等。

四川峨眉山—乐山大佛

峨眉山是中国佛教四大名山之一，又称大光明山。著名风景名胜区。位于四川省峨眉山市、乐山市西部。系大峨山、二峨山、三峨山和四峨山的总称，因四山逶迤连绵如长眉，故名。乐山大佛是中国唐代佛教摩崖造像，位于四川省乐山市城东，岷江、青衣江、大渡河三江汇流处的凌云山西壁栖鸾峰，古称"弥勒大像""嘉定大佛"。

峨眉山 四山中以大峨山海拔最高，山势最雄伟，即为现今所称峨眉山。山体由石灰岩、花岗岩、砂页岩和玄武岩等组成，经褶皱上升后形成剥蚀背斜断块山。山坡东陡西缓，主峰金顶海拔3000多米，高出其东麓的峨眉山市市区2000

峨眉山主峰金顶

多米。峨眉山山体雄峻，峰峦挺秀，多怪石古洞，银流飞瀑，故历来有"峨眉天下秀"之称。峨眉山另一特色是奇，从山麓到山顶，一般具有亚热带到寒温带的各种气候带谱，在一年中的同一季节内，呈现不同的气候。雨多湿重，云厚雾大，又形成了"红椿晓雨""金顶云海""峨眉宝光"等气象奇景。峨眉山寺庙林立，著名的有报国寺、万年寺、伏虎寺、清音阁、金顶等。峨眉山共有植物3000多种，动物2000余种，素有"植物王国"与"天然动物园"之称。山区产茶叶、黄连、白蜡。矿产有磷、煤等。建有峨眉山客运索道。

乐山大佛 于开元元年（713）由僧人海通始凿，贞元初剑南西川节度使韦皋舍俸钱五十万继续营造，至贞元十九年

（803）最后完工，其凿建历时 90 年。大佛依山临江雕凿而成，是世界现存最大的摩崖石佛像，有"山是一尊佛，佛是一座山"之誉。1982 年国务院公布为全国重点文物保护单位。

大佛为弥勒倚坐像，坐东面西，螺状发纹，面相端庄，身躯比例适度，双手抚膝，两腿下垂，足踏莲花，衣饰流畅，气势恢宏，体现了盛唐文化的宏大气派。通高 71 米，头高 14.7 米，头宽 10 米，肩宽 28 米。因躯体巨大，脚背宽即达 8.5 米。大佛两侧岩壁上有石龛造像，保存较好的有两龛，其中一龛"西方极乐图"雕刻精细，造型生动。大佛前原建有 13 层重楼，名大佛阁或大像阁，宋易名天宁阁或凌云阁，明末毁于兵燹。大佛自建成后，历代均有修整。中华民国时期军阀混战，曾以大佛为炮靶，面部等处遭毁坏。1949 年后加强了对大佛的维修保护，并对佛身进行考

乐山大佛

古、物理、地质、化学等多学科综合检测。大佛现为西南地区重要旅游景点之一。

1996 年，乐山大佛和峨眉山风景区作为文化与自然双重遗产被列入《世界遗产名录》。

福建武夷山

中国东南沿海重要山脉。东南沿海地区重要的自然地理界线。为东南沿海丘陵与江南丘陵的分界线，也是福建闽江水系、汀江水系与江西鄱阳湖水系的天然分水岭。位于闽、赣两省之间。

武夷山区植物资源丰富。地带性植被为常绿阔叶林，以壳斗科、樟科、木兰科和杜英科为主，还有大面积人工营造的杉木林、马尾松林和毛竹林，并有不少珍稀、古老树种，如银杏、钟萼木、鹅掌楸、天女花、黄山木兰、银种树、半枫荷、黄山花楸、竹节人参、涧边草、南方铁杉、罗汉松、红豆杉、建柏、三尖杉、金钱松、凹叶厚朴和黄杨等。野生动物资源亦丰富，属于国家保护的珍贵动物有猕猴、灵猫、苏门羚、云豹、毛冠鹿、穿山甲、鸳鸯、黄腹角雉、白颈长尾雉等。昆虫尤为丰富，占全国 32 目昆虫中的 31 目，并发现有著称于世的金斑喙凤蝶。为保护动物植物资源，武夷山脉北段建有武夷山自然保护区。

　　武夷山是一处被保存了 12 个多世纪的景观。它拥有一系列优秀的考古遗址和遗迹，包括建于公元前 1 世纪的汉城遗址、大量的寺庙和与公元 11 世纪产生的朱子理学相关的书院遗址。这里也是中国古代朱子理学的摇篮。作为一种学说，朱子理学曾在东亚和东南亚国家中占据统治地位达很多世纪，并在哲学和政治方面影响了世界很大一部分地区。

天游峰览胜

武夷山申报世界文化与自然双重遗产的区域总面积约1000平方千米，包括武夷山风景区、武夷山自然保护区、武夷山古汉城遗址和九曲溪上游保护地带4部分。其中文化遗产有架壑船棺、古汉城遗址、朱子理学文化、摩崖石刻、古崖居遗构、茶文化、宗教文化和馀庆桥。自然遗产有："三三秀水清如玉"的九曲溪，与"六六奇峰翠插天"的36峰、99岩的绝妙结合，它异于一般自然山水，是以奇秀深幽为特征的巧而精的天然山水园林；世界生物多样性保护的关键地区，具有世界同纬度带现存最典型、面积最大、保存最完整的亚热带原生性森林生态系统；丰富的野生动物资源；世界昆虫种类最丰富地区。

武夷山风景区　中国著名的风景名胜区，典型丹霞地貌区。位于武夷山脉北段，福建省武夷山市南10千米处。面积约60平方千米。素以"秀甲东南"和"武夷山水天下奇"著称。风景区内峰岩林立，雄伟挺秀，气势磅礴，风光绮丽，相传有 36 峰、99 岩之胜。九曲溪蜿蜒于峰岩之间，岩石凝紫，溪水碧绿，有"碧水丹山"的佳誉。有大王峰、玉女峰、三仰峰、天游峰、天心岩、桃源洞、水帘洞、一线天和九曲等胜景。在大藏峰等水平岩洞中，藏有船棺（又称架壑船），系古人类一种墓葬形式。武夷山赤石镇是 1942 年赤石暴动之地，建有纪念碑。

武夷山自然保护区 中国森林生态系统综合自然保护区。1979 年建立国家级自然保护区。1987 年 9 月加入联合国"人与生物圈计划"自然保护区网。保护区是中国东南部天然植被保存最完好的地区，植物种类十分丰富，南北植物云集于此，且多珍稀树种和名贵中药材，如银杏、楠木、花榈木、

桂花木、降香黄檀、紫檀、香果树、亮叶青冈、红豆杉、钟萼木及厚朴、三尖杉、三节茶、十大功劳等。高等野生动物兽类近 100 种。武夷山主岭和主谷多呈北北东向，支岭和支谷则多呈北西向。溪流沿断裂不断下切，形成深邃峡谷。由于地势高峻，在一定程度上能阻挡北方冷空气的入侵，且距海不远，夏季从海上来的热湿气流可以深入保护区，并被地形抬高，形成丰沛的地形雨。因此温暖湿润是这里最主要的气候特征。复杂的地貌和气候分异，形成了许多不同的生态环境，为各种各样特性不同的生物提供了栖息、繁衍的场所。武夷山奇秀甲东南。有九曲溪、36 峰、72 洞、99 岩，自然景色优美。